本专著是2024年度河南省高等教育教学改革研究与实践（编号：2024SJGLX0564）"新文科背景下智能财税建设研究"的阶段性成果。

凌云 ◎ 著

数字经济时代的财税管理

郑州大学出版社

图书在版编目(CIP)数据

数字经济时代的财税管理 / 凌云著. -- 郑州：郑州大学出版社，2025. 6. -- ISBN 978-7-5773-1093-0

Ⅰ. F810

中国国家版本馆 CIP 数据核字第 20257UL169 号

数字经济时代的财税管理
SHUZI JINGJI SHIDAI DE CAISHUI GUANLI

策划编辑	胥丽光	封面设计	王　微
责任编辑	郜　静	版式设计	苏永生
责任校对	王孟一	责任监制	朱亚君

出版发行	郑州大学出版社	地　址	河南省郑州市高新技术开发区
经　销	全国新华书店		长椿路 11 号(450001)
发行电话	0371-66966070	网　址	http://www.zzup.cn
印　刷	河南大美印刷有限公司		
开　本	710 mm×1 010 mm　1 / 16		
印　张	13.25	字　数	206 千字
版　次	2025 年 6 月第 1 版	印　次	2025 年 6 月第 1 次印刷

书　号	ISBN 978-7-5773-1093-0	定　价	68.00 元

本书如有印装质量问题,请与本社联系调换。

　　随着信息技术的飞速进步和互联网的全面渗透,人类社会已迈入数字经济时代。数字经济作为新时代经济发展的高级形态,以其独有的高效性、便捷性和创新性,正在重塑全球经济版图,深刻影响着各国的经济结构、产业形态和社会生活。数字经济不仅催生了诸如云计算、大数据、人工智能、区块链等新兴技术产业,还推动了传统产业的数字化转型,如电子商务、智能制造、智慧城市等领域的蓬勃发展。这一变革不仅提升了生产效率,优化了资源配置,还极大地丰富了消费者的选择,促进了全球经济的融合与协同发展。然而,数字经济的快速发展也给现有的财税管理体系带来了前所未有的挑战。传统财税管理模式在应对数字经济带来的新业态、新模式时显得力不从心,如跨境电子商务的税收征管、数字产品和服务的税收分类以及大数据和人工智能技术在财税管理中的应用等问题,都急需新的解决方案。因此,如何在数字经济时代实现财税管理的现代化,提高财税管理的效率和准确性,成为一个亟待解决的课题。

　　本书旨在深入探讨数字经济对财税管理的影响,分析数字财税的发展现状和未来趋势,提出财税管理数字化转型的必要性和路径策略。本书的研究,不仅可以为政府和相关机构制定数字经济时代的财税政策提供理论依据,还可以为企业优化财税管理流程、提高财税管理水平提供实践指导,对于推动财税管理的现代化和数字化具有重要的理论意义和实践价值。

　　本书采用多种研究方法相结合的方式进行研究。首先,通过文献综述和理论分析,梳理数字经济的基本概念、特点及其对财税管理的影响;其次,运用实证研究和案例分析,探讨数字财税的发展现状和成功经验;最后,结合前沿技术和国际视野,展望数字经济时代财税管理的未来发展方向。通过综合运用这些方法,本书力求全面、深入地揭示数字经济时代财税管理的内在规律和特点。

本书共分为 10 章,各章节内容既相对独立又相互联系,共同构成了一个完整的数字经济时代财税管理的研究框架。第 1～3 章主要阐述数字经济的基本概念、数字财税的历史背景与发展现状以及财税管理数字化转型的必要性和路径;第 4～6 章分别探讨大数据、智能化财税体系以及电子发票在财税管理中的应用;第 7～8 章分析数字经济时代的财税政策与法规以及财税人才的培养问题;第 9 章从国际视野出发,研究数字经济全球税收治理的现状与挑战以及中国的角色与策略;第 10 章则对未来数字经济时代财税管理的新趋势进行了展望。

本书适用于政府财税部门工作人员、企业财务管理人员、税务师事务所从业人员以及相关领域的学者和学生工作、学习使用。笔者在撰写本书时,虽力求严谨,但恐有遗漏和谬误,希望读者能够提出宝贵意见,以帮助作者不断完善。

著者

2025 年 1 月

目录

第 1 章

数字经济与财税管理概述

在信息化浪潮的推动下,人类社会已步入数字经济时代。这一新时代不仅深刻改变了我们的生活方式,也对财税管理提出了新的要求。本章将深入探讨数字经济的基本概念、特点及其对财税管理的影响,为后续章节奠定理论基础,揭示数字经济时代财税管理的重要性和必要性。

1.1　数字经济的基本概念与特点

数字经济以其数据驱动、数字化等特点,正在深刻改变着传统经济的生产方式、商业模式和发展轨迹,成为推动经济增长和社会进步的重要力量。

1.1.1　数字经济的基市概念

数字经济是指以数字技术为核心驱动力,以数据为关键生产要素,以现代信息网络为重要载体,通过数字技术与实体经济的深度融合,不断提高数字化、网络化、智能化水平,加快重构经济发展模式和治理体系的新经济形态。数字经济涵盖了电子商务、移动支付、人工智能、云计算、物联网等众多领域,是继农业经济、工业经济之后的主要经济形态。

1.1.2　数字经济的特点

数字经济作为新时代的经济形态,以其独有的特点引领着全球经济的变革与发展。

(1)数据驱动。数据是数字经济的核心资产,也是推动数字经济发展的关键要素。在数字经济时代,数据无处不在,它渗透于经济活动的各个环节,成为企业决策、业务优化和产品开发的重要依据。企业通过收集、存储、分析和应用大量的数据,可以深入洞察市场需求,精准定位客户群体,实现个性化定制和精准营销。数据驱动不仅提高了企业的市场竞争力,还促进了资源的优化配置和效率的提升。例如,电商平台通过分析用户的购物行为、偏好和反馈,能够为用户提供更加个性化的商品推荐和服务,从而提升用户体验和满意度。

(2)数字化。数字经济以信息的数字表示和处理为基础,通过数字化技术将传统经济活动转化为数字化的形式。数字化技术的应用使得商业活动更加便捷、高效和透明。在线购物、在线支付、电子合同等数字化的商业活动已经成为人们日常生活的一部分,极大地提高了交易效率和便捷性。数字化还促进了信息的快速传播和共享,使得企业能够更快地获取市场信息,做出更加准确的决策。同时,数字化还推动了传统产业的转型升级,为经济发展注入了新的活力。

(3)网络化。数字经济依托互联网、物联网等网络技术,实现了人与人、人与物、物与物之间的广泛连接。网络化不仅降低了交易成本,还提高了经济活动的效率和便捷性。通过互联网,企业可以突破地域限制,实现全球范围内的资源配置和市场拓展。物联网技术的应用则使得物理世界与数字世界实现了深度融合,为智能制造、智慧城市等领域的发展提供了有力支撑。网络化还促进了信息的流通和共享,使得知识、技术和创新能够更快地传播和应用。

(4)智能化。数字经济利用人工智能、机器学习等先进技术,实现了生产和服务过程的智能化。智能化的设备和系统能够自动完成生产、物流、销售等环节的任务,提高了生产效率和产品质量。例如,智能制造系统通过集成传感器、控制器和执行器等智能设备,实现了生产过程的自动化和智能化,大大提高了生产效率和灵活性。智能化还推动了服务行业的创新和发展,如智能客服、智能家居的应用,为人们的生活带来了更多便利和舒适。

（5）高创新性。数字经济领域技术创新层出不穷,如人工智能、区块链等新技术不断涌现。这些新技术不仅具有强大的创新能力和应用潜力,还能够快速应用到各个行业,催生出新的商业模式和业态。例如,区块链技术在金融领域的应用,为支付清算、融资借贷、保险理赔等场景提供了更加安全、高效和透明的解决方案。高创新性使得数字经济始终保持着旺盛的生命力和竞争力,为经济发展注入源源不断的动力。

（6）跨界融合性。数字经济打破了传统行业的界限,促使不同行业之间相互融合。通过数字技术,传统产业可以与其他行业进行跨界合作,形成新的产业生态和价值链。例如,制造业与互联网的融合催生了工业互联网、智能制造等新模式,使得制造业的生产过程更加智能化、高效化和灵活化。跨界融合性不仅拓展了产业的发展空间,还促进了资源的共享和协同利用,提高了整个经济系统的效率和效益。

（7）平台化。在数字经济时代,平台型企业成为经济活动的重要组织形式。平台通过聚集资源和用户,创造新的价值。电商平台、社交平台、支付平台等是数字经济时代典型的平台型企业,它们通过提供便捷的服务和丰富的应用场景,吸引了大量的用户和企业入驻。平台化特征使得数字经济更加具有开放性和包容性,为创新提供了更加广阔的舞台和更多的机会。同时,平台化还促进了产业的集聚和协同发展,提高了整个经济系统的竞争力和创新力。

（8）高度的灵活性和敏捷性。数字经济中的企业能够快速调整其业务模式、产品或服务以适应市场变化。通过数字化技术,企业可以实时监控市场动态,灵活调整策略,提高市场响应速度。这种高度的灵活性和敏捷性使得企业能够更好地应对市场风险和不确定性,保持竞争优势和持续发展能力。同时,灵活性和敏捷性还促进了企业的创新和变革,推动了经济的持续发展和进步。

（9）网络效应显著。许多数字经济产品或服务的价值随着用户数量的增加而增加。这种网络效应使得数字经济具有强大的规模效应和正反馈机制。社交网络平台、共享经济平台等是典型的具有网络效应的数字经济产品,它们通过吸引更多的用户参与,形成了庞大的用户群体和活跃的市场氛围,提高了平台的吸引力和竞争力。网络效应还促进了数字经济的快速发展和普及,为经济的增长和社会的进步提供了有力支撑。

(10)安全与隐私保护。随着数字经济的快速发展,数据安全和隐私保护成为重要议题。数字经济依赖于大量的数据流动和共享,如何保障数据的安全性和用户的隐私权,成为数字经济发展必须面对的挑战。为了加强数据安全和隐私保护,政府和企业需要采取一系列措施,如加强数据加密、访问控制、隐私保护等技术手段的应用,完善相关法律法规和政策体系,提高用户的数据安全意识和保护能力。只有确保数据的安全性和用户的隐私权,数字经济才能持续健康发展。

1.2 财税管理在数字经济中的重要性

数字经济迅猛发展,已成为全球经济增长的新引擎,对各国经济结构和治理体系产生了深远影响。在数字经济浪潮中,财税管理作为国家治理和经济运行的重要基石,其重要性日益凸显。

1.2.1 数字经济对财税管理的新要求

(1)数据驱动的决策需求。在数字经济时代,数据已成为驱动经济社会发展的关键生产要素,其重要性不亚于传统的土地、劳动力和资本。财税管理作为国家治理体系的重要组成部分,必须紧跟时代步伐,依托大数据、云计算等先进技术,实现决策过程的数据化、智能化。具体来说,财税部门需要构建完善的数据收集和分析体系,通过整合来自各部门、各行业的海量经济数据和财税数据,形成全面、准确的数据基础。在此基础上,运用数据挖掘、机器学习等算法,对数据进行深度分析,以揭示经济运行的内在规律和税收变化的趋势。这样的数据驱动决策模式,不仅能够帮助财税部门更准确地把握经济运行态势,预测税收收入的变化,还能够及时发现税收征管中的漏洞和逃税行为,提高税收征管的效率和准确性。例如,通过对企业交易数据的实时监控和分析,财税部门可以迅速识别出异常交易模式,及时介入调查,有效打击逃税漏税行为。

(2)高效便捷的服务需求。数字经济的蓬勃发展,催生了电子商务、共享经济、平台经济等一系列新兴业态和商业模式。这些新兴业态以其灵活、高效、便捷的特点,迅速占据了市场的主导地位。然而,这也对财税管理提出了新的挑战。传统的线下办税模式已经无法满足新兴业态的需求,财税部门必须利用数字化手段,提供在线申报、在线缴税、电子发票等一站式服务,以降低企业的办税成本,提高服务效率。电子税务局的普及正是这一变革的具体体现。通过电子税务局,纳税人可以随时随地在线办理税务登记、申报、缴税等事项,无须再到实体办税服务厅排队等待,极大地提高了办税的便利性和效率。此外,电子发票的推广也极大地简化了发票的开具、传递和保存过程,降低了企业的运营成本和时间成本。

1.2.2　财税管理在数字经济中的重要作用

(1)促进经济高质量发展。数字经济作为新经济形态,以其创新性强、成长性好、带动性强的特点,对经济增长的拉动作用日益显著。财税管理在促进数字经济高质量发展中发挥着至关重要的作用。一方面,财税管理可以通过制定合理的税收政策,对数字经济核心产业给予税收优惠和扶持,激发企业的创新活力,推动产业转型升级。例如,对高新技术企业、互联网企业等数字经济核心产业给予所得税减免、增值税即征即退等优惠政策,可以降低企业的运营成本,提高企业的盈利能力,进而推动产业的快速发展。另一方面,财税管理还可以加强对数字经济领域的监管,防止税收流失和恶性竞争,保障国家财政收入的稳定增长。通过完善税收法规体系,明确数字经济的税收征管规则,加强对跨境电商、数字平台等新型业态的税收征管,可以确保税收的公平性和公正性,为数字经济的健康发展提供有力的税收保障。

在促进经济高质量发展的过程中,财税管理还需要注重与货币政策的协同配合。财政政策和货币政策相互配合,可以实现对经济运行的精准调控。例如,在经济增长乏力时,可以通过减税降费、增加政府支出等财政政策来刺激经济需求,同时通过降低利率、增加货币供应等货币政策来提供充足的流动性支持;在经济过热时,则可以通过提高税率、减少政府支出等财政政策来抑制经济需求,同时通过提高利率、减少货币供应等货币政策来收紧流动性。这种政策协同配合的模式,可以更有效地应对数字经济时代经济运行的复杂性和不确定性,促进经济的平稳健康发展。

(2)保障国家财政安全。数字经济时代,经济活动的复杂性和不确定性显著增加,给国家财政安全带来了新的挑战。一方面,数字经济的快速发展带来了大量的税收收入,但同时也伴随着税收漏洞和逃税行为的增多。财税管理需要加强对数字经济领域的税收征管,完善税收法规体系,提高税收征管的效率和准确性,防止税收流失和恶性竞争。另一方面,数字经济的跨国性和无界性特点也使得国际税收合作日益重要。财税管理需要加强与其他国家的税收合作与交流,共同制定和完善国际税收规则,打击跨境逃税和避税行为,维护国家的税收权益和财政安全。

为了保障国家财政安全,财税管理还需要注重风险防控和预警机制的建设。通过建立健全风险防控体系,加强对经济运行和税收征管的实时监测和预警,及时发现和应对潜在的财政风险。例如,可以建立税收收入预测模型,对税收收入进行动态监测和预测;可以建立税收风险评估体系,对税收征管中的风险点进行识别和评估;可以建立应急响应机制,对突发的财政风险进行迅速应对和处理。这些措施的实施,可以有效地提高财税管理的风险防控能力,保障国家财政的安全和稳定。

1.2.3 财税管理数字化转型的必要性与紧迫性

在数字经济时代,财税管理的数字化转型已成为不可逆转的趋势,其必要性与紧迫性日益凸显,主要体现在以下几个方面:

(1)提升征管效率。传统财税管理手段在面对数字经济带来的海量数据和复杂交易时,显得力不从心。数字经济下的交易活动频繁且复杂,涉及的数据量巨大,传统的人工处理方式难以应对。数字化转型通过引入自动化工具和智能系统,如人工智能、大数据分析、云计算等技术,可以大幅提高数据处理的速度和准确性。这些技术能够自动处理和分析大量的税务数据,快速识别出潜在的税收风险和问题,从而减少人为错误,降低征管成本。例如,利用人工智能技术进行税务稽查,可以实现对海量数据的快速筛选和分析。传统稽查方式往往需要大量的人力和物力,且效率低下,而人工智能技术可以通过算法模型对数据进行深度挖掘,快速锁定疑似逃税、漏税的企业或个人,提高稽查效率和准确性。此外,数字化转型还可以实现税务申报、缴税等流程的自动化,进一步减轻税务人员的工作负担,提高征管效率。

(2)增强透明度与公信力。数字化转型使得财税管理更加透明化、规范化。通过数字化平台,纳税人可以实时查询税务信息,了解税收政策,提高税收遵从度。数字化平台可以提供详细的税务指南、政策解读、申报流程等信息,帮助纳税人更好地理解和遵守税收法规。同时,财税部门也可以公开税收征管过程和结果,接受社会监督,增强公信力。例如,电子税务局的公开透明性使得纳税人可以随时随地查询自己的税务信息和办税进度。纳税人可以通过电子税务局查看自己的申报记录、缴税情况、发票信息等,确保自己的权益得到保障。这种公开透明的管理方式可以增强纳税人对税务部门的信任感,提高税收遵从度。此外,财税部门还可以通过数字化平台发布税收征管工作的最新动态和成果,接受社会监督,提高工作的透明度和公信力。

(3)促进政策创新与服务优化。数字化转型为财税管理提供了更加丰富的数据资源和更加便捷的工具手段,促进了财税政策的创新和服务的优化。财税部门可以利用大数据分析技术,深入挖掘纳税人的需求和痛点,了解不同行业、不同地区的税收负担情况,为制定更加精准的税收政策和服务措施提供数据支持。例如,通过数据分析发现某些行业或地区的税收负担过重,财税部门可以及时调整税收政策,减轻企业负担,促进经济发展。数字化转型还可以实现税务服务的个性化定制。根据纳税人的不同需求和偏好,财税部门可以提供定制化的服务方案,如在线咨询、远程协助、预约办税等,提高服务的便捷性和满意度。此外,数字化转型还可以促进财税部门与其他政府部门的信息共享和协同工作,提高政府服务的整体效率和水平。

1.3　数字经济时代财税体系面临的挑战与发展趋势

1.3.1　新一轮财税体制改革面临的新形势、新问题和新目标

1.3.1.1　新一轮财税体制改革面临的新形势

一是经济增速在换挡，意味着税收收入增速也在换挡。随着中国经济从高速增长阶段转向高质量发展阶段，经济增速逐渐放缓，税收收入增速也随之减缓。这一变化对财税体制提出了新的要求，需要在保持税收稳定的同时，优化税收结构，提高税收质量。同时，房地产市场低迷，供需形势逆转，使得"土地财政"模式难以为继。过去，地方政府高度依赖土地出让收入来支撑财政支出，但随着房地产市场的调整，这一收入来源变得不稳定，迫使地方政府寻找新的财源和财政管理方式。

二是人口老龄化进程加速，对财税体系产生了较大的压力和冲击。人口老龄化导致社会保障支出不断增加，对财政可持续性构成挑战。2023年一般公共预算调入全国社会保险基金预算的规模达到了2.5万亿，这一数字相当于社会保险基金预算的22%，一般公共预算收入的11%、支出的9%。这种大规模的资金调动降低了财政的统筹能力，使得财政在应对其他支出需求时更加捉襟见肘。

三是人口流动，尤其是人口向都市圈城市群聚集，这与基于静态条件的财税体制设计产生了冲突。人口流动导致资源和服务需求在地域上重新分配，对转移支付制度提出了新的要求。传统上，转移支付更多地考虑地区间的经济平衡，但现在需要更多地考虑人口流动因素。这涉及转移支付到底该怎么做的问题：是继续转移到传统的中西部地区，还是根据人口流动情况，将转移支付资金跟随人口流动到都市圈城市群？

四是税制结构和财税体系与高质量发展、构建全国统一大市场等战略目标有不相适应的地方。当前的税制结构在某些方面可能阻碍了资源的优

化配置和市场的统一。例如,某些税收优惠政策可能导致地区间的税收竞争,影响市场的公平竞争;某些税种的设计可能不利于鼓励创新和环保等高质量发展目标的实现。

五是当前各地方政府对中央转移支付的依赖逐步增加,中央转移支付规模已经超过中央本级收入。如此规模的中央转移支付难以持续,因为中央财政本身也面临着收入增长的压力和支出需求的增加。而且,在转移支付分配和资金下达过程中存在效率损失,如资金拨付延迟、使用不透明等问题。更重要的是,转移支付的激励约束机制未能建立,不利于调动经济大省的经济发展和筹集收入的积极性。经济大省可能觉得自己的努力没有得到足够的回报,从而缺乏进一步发展的动力。

1.3.1.2　新一轮财税体制改革面临的新问题

1994 年分税制改革主要解决了中央和地方收入划分的问题,增强了中央宏观调控能力,但仍留下了以下几个亟待解决的问题:

一是政府和市场的边界问题。这是一个长期存在且难以明确界定的问题。政府和市场的边界不清,可能会导致越到基层越呈现出无限责任政府的趋势。基层政府可能因为各种原因而承担过多的支出责任,导致财政困难。所谓财政困难的核心或本质,是有限的财力和无限的支出责任之间的关系。因此,新一轮财税体制改革需要解决的第一点新问题是理顺政府和市场的边界,明确各自的职责和范围,避免政府过度干预市场或市场失灵时政府缺位。

二是中央和地方事权和支出责任的划分。虽然 2016 年以来事权和支出责任划分有一定进展,如通过一些法律和政策文件明确了部分事权和支出责任的划分原则,但总体上还是文本意义上的改革。实际操作中,中央和地方在事权和支出责任上的划分仍然存在模糊地带和争议。这导致了一些政策执行上的困难和效率损失。新一轮财税体制改革需要进一步深化事权和支出责任的划分,确保划分原则得到实际执行,并提高政策执行的效率和效果。

三是地方税体系的构建问题。地方税体系是地方财政收入的重要来源,也是地方自主性和独立性的重要保障。然而,当前地方税体系的构建面临诸多困难。遗产税、赠与税的开征也较为困难,因为涉及复杂的财产评估和税收征管问题。营业税改增值税之后,18 个税种不是均匀分布的,有些税种更适合中央征收,有些税种更适合地方征收。这使得彻底的分税制道路难以走通。分税分成制以及共享税可能是未来地方税体系构建更为现实的问题。同时,需要区分是构建地方税收体系还是地方税种体系,因为两者在内涵和外延上存在差异。

四是转移支付中有大量的共同事权的转移支付,真正的均衡性转移支付占比并不高。共同事权转移支付是指中央和地方共同承担某些事权的支出责任,并通过转移支付资金来弥补地方财力的不足。然而,这种转移支付方式可能导致地方对中央的过度依赖,并削弱地方的自主性和积极性。均衡性转移支付是指中央根据地方财力状况和支出需求,通过转移支付资金来实现地区间的财力均衡。然而,当前均衡性转移支付的占比并不高,使得地区间的财力差异仍然较大。新一轮财税体制改革需要优化转移支付结构,提高均衡性转移支付的占比,并减少共同事权转移支付的规模。

1.3.1.3 新一轮财税体制改革的新目标

新一轮财税体制改革的目标可以分为短期目标和中长期目标。

短期目标是解决当前财政紧平衡、土地财政难以为继和债务不断增加的问题。财政紧平衡是指财政收入和支出之间的差距较小,财政运行处于紧张状态。土地财政难以为继是指地方政府过度依赖土地出让收入来支撑财政支出,但随着房地产市场的调整,这一收入来源变得不稳定。债务不断增加是指地方政府为了弥补财力不足而大量举债,导致债务规模不断扩大。新一轮财税体制改革需要通过优化税制结构、提高税收质量、完善转移支付制度等措施来解决这些问题,确保财政的可持续性和稳定性。

中长期目标是解决财税治理体系和治理能力现代化,以支持国家治理体系和治理能力现代化的问题。财税治理体系和治理能力现代化是指建立科学、规范、高效的财税管理体制和机制,提高财税管理的水平和效率。国家治理体系和治理能力现代化是指建立符合时代要求、适应国家发展需要的国家治理体系和治理能力。财税作为国家治理的重要组成部分,其治理体系和治理能力的现代化对于国家治理体系和治理能力的现代化具有重要影响。新一轮财税体制改革需要通过深化税制改革、完善财政管理体制、加强财税法治建设等措施来推动财税治理体系和治理能力的现代化。

更为关键的是,新一轮财税体制改革还要推动中国式现代化、高质量发展、构建全国统一大市场和实现共同富裕等重大国家战略。中国式现代化是指根据中国国情和时代要求,走出一条具有中国特色的现代化道路。高质量发展是指实现经济发展质量和效益的提升,推动经济持续健康发展。构建全国统一大市场是指打破地区封锁和市场分割,建立统一开放、竞争有序的市场体系。实现共同富裕是指让全体人民共享发展成果,实现社会公平和正义。新一轮财税体制改革需要通过优化税制结构、完善财政支出政策、加强财税监管等措施来推动这些国家重大战略的实施和实现。

1.3.2 数字经济时代财税体系面临的挑战与发展趋势

2023 年,我国数字经济规模在经济总量中的比重已经超过了40%,其中数字经济核心产业增加值占 CDP 比重达到了 10%。数字经济不仅涵盖了数字产业化,即信息技术、互联网平台等数字产业的直接发展,还包括产业数字化,即传统产业通过数字化技术实现转型升级。在这两者中,数字产业化的比重相对较低,而产业数字化的比重则相对较高,这体现了数字经济与实体经济深度融合的趋势。

1.3.2.1 数字经济对税收制度和财政的挑战

数字经济的发展对既有的财税制度提出了诸多新的问题,这些问题需要深入思考并寻求解决方案。总结来看,有必要重点思考以下五个问题:

一是数据要素价值归属与征税问题。中央文件已将数据确立为与资本、土地、劳动力并列的生产要素。数据本身具有价值,且随着数据集中程度的提高,其价值呈现出几何级数的增长。在数字经济时代,消费者在消费过程中产生的偏好数据留在了平台企业,这些企业利用海量数据开发出满足不同消费者偏好的产品和服务,实现了更大的增值。这就引发了一个问题:消费者参与了数据要素价值的形成,那么这部分价值以及增量价值的产生究竟属于平台企业还是社会? 如何对这部分价值征税,是既有税收体系难以解决的问题。如果这部分价值属于社会，那么政府以税收方式筹集一部分收入，并用于改善民生福利、加大公共基础设施建设等，是有其必要性的。

二是税源与税基的新界定问题。伴随数字产业化和产业数字化的发展，涌现出了远程医疗、远程教育、直播带货等新经济形态和新商业模式。这些活动的税基是什么？税源在哪里？如何确保它们纳入税收体系？当前，一些新经济活动游离在税收体系之外，因此，需要对数字经济时代下的税源和税基做出新的界定，以适应新经济形态的发展。

三是税源分布不均衡，税收与税源背离问题。平台企业聚集了大量的交易活动，而数字经济尤其是平台企业又高度集中于北京、上海、广东、江苏等城市和地区。这导致税源在全国各地，而税收却集中在平台企业注册地，税源和税收之间的背离现象愈发明显。如何解决这一问题？一个思路是调整征税原则，从生产地原则转向消费地原则。然而，这一转变又带来了新的问题：如何调动地方发展经济的积极性，尤其是经济大省的积极性是否会受到影响？同时，可能对税收征管体系和税收分配产生冲击，如何实现税收在区域间的合理分配将变得更加复杂。另一个思路是提高中央分成比例，再通过中央转移支付的方式解决横向失衡。但在土地收入负增长以及地方财政紧平衡的背景下，这一方案更不利于缓解地方压力。实际上，地方财政问题的核心不在于收入问题，而在于支出过于膨胀，存在无限责任政府的现象。

四是数字经济对群体和区域间的公平问题。数字经济的发展是否加剧了群体和区域间的公平问题？这需要从区域和群体两个层面来考虑。在衡量这种差距时，不仅要看总量分布，更要看人均概念。从人均角度看，数字经济到底是扩大了还是缩小了公平差距？一方面，不同群体间因能力差异产生了数字鸿沟；另一方面，直播带货等新的数字经济形态可以将山区的土特产卖到很远的地方，为农村地区带来了新的发展机遇。

五是数字经济对税收征管的正向与负向冲击问题。数字经济的发展对税收征管产生了正向和负向的双重冲击。一方面，数字经济有利于征管，产生正向冲击。通过"大数据治税"等手段，可以极大地降低税收征管成本、提高征管效率,使税收征管和企业纳税更加规范、公平。这为下调名义费率或税率打下了良好的基础,也为改革提供了有力支撑。例如,在社会保险、公积金等缴费率下调的同时,并不会引发总量收入的下降。然而,政策的实施也需要考虑现实情况。在当前各微观主体面临经营压力的情况下,可能衍生出新的问题。比如,以前一些小型企业游离在规范征管体系之外,纳税、缴纳社保不规范。现在有能力将它们纳入体系内,相当于它们的税率从零提高到了规范的税率。这是否会产生收缩效应? 短期内是否需要给予一定的过渡期? 这些都需要综合考虑数字经济发展后对征管的有利形势以及当前企业的可承受程度。另一方面,数字经济的发展对征管产生了负向冲击。新的经济形态的出现对传统征管产生了挑战。在数字经济时代下,新产生和消亡的市场主体都在同时增加,征管难度加大。同时,部分经济活动的交易性质、纳税人、纳税地难以确定,税收管辖权更加模糊。这是数字经济发展对税收制度和财政的挑战之一。为了应对这一挑战,需要不断完善税收征管体系和技术手段,提高征管的准确性和效率。同时,还需要加强国际合作和协调,共同应对数字经济给税收征管带来的全球性挑战。

1.3.2.2　对于构建数字经济时代下财政体系的思考

当前,财政面临着紧平衡和宏观税负下行的问题,急需探索新的财政和税收收入来源以应对这一挑战。数字经济的发展为此提供了全新的可能性。因此,提出构建数据财政体系的设想,是由当前和下一阶段财政经济形势所决定的。

1. 构建数据财政体系的必要性:财政经济形势、体制改革的要求

(1)构建数据财政体系是稳定宏观税负的必要举措。近年来,宏观税负呈现明显的下降趋势,无论是税收收入占 GDP 的比重,还是一般公共预算收入占 GDP 的比重,以及广义宏观税负,都在逐步下行。宏观税负下行而支出不削减,必然导致债务的增加,因此稳定宏观税负显得尤为迫切。然而,如何稳定宏观税负却是一个难题。首先,尽管房地产税作为稳定宏观税负的一种潜在手段被广泛讨论,但在实际操作层面,其推出仍面临诸多挑战和不确定性,包括立法程序、评估机制、社会接受度等多方面因素,因此不能单纯依赖房地产税来立即稳定宏观税负。其次,靠收费来稳定宏观税负也并非

良策。从最近的数据来看,一般公共预算收入同比增长为负,其中税收收入负增长,非税收入正增长,导致税收收入占比下降,财政收入稳定性下降。再次,依靠全国社会保险基金预算收入增加来稳定广义宏观税负也面临困难。最后,土地市场的供需形势已经逆转,土地出让收入持续负增长,也难以承担稳定宏观税负的重任。因此,有人提出了"股权财政"的概念,但这一概念并不清晰,且存在诸多问题。政府筹集财政收入天然有两个来源,一个是凭借政治权力征税,另一个是凭借产权获取收入。因此,不必造出股权财政的新概念,而应该通过数字经济的发展,相应调整税收制度,这是稳定宏观税负的必要途径。

(2)构建数据财政体系是防范化解地方债务风险的必要手段。当前,地方政府正在积极推动防范化解地方政府债务风险,重要的方式是拉长周期、压降成本,以时间换空间。然而,从债务风险水平的衡量指标来看,伴随土地出让收入下行和投资效率的下降,地方政府的综合财力下降,债务率和负债率有可能被动上升,导致债务化解持续推进但相关指标上升的问题。因此,需要一种新的思路来防范化解地方债务风险。这种新思路不仅要考虑压降分子端的债务,还要考虑做大分母端的资产。通过把数据资源变成数据资产,可以扩大政府拥有的资产规模,从而降低地方政府的债务风险。

(3)构建数据财政体系是完善地方税体系的必要途径。在当前18个税种之下,难以构建一个完善的地方税体系,不太可能有一个类似营业税一般的主体税种。因此,需要开拓新的思路,拓展新的税源和收入来源。数字经济对应的数据财政恰恰能为地方政府提供这样的收入来源,为完善地方税体系提供新的可能。

(4)构建数据财政体系是避免财税体系顺周期性的必要措施。工业经济时代下的财税体系是顺周期性的。当总需求不足时,理应采取积极和扩张的财政政策。但是,越是总需求不足,物价越是下行,PPI(生产者物价指数)负增长,导致税收收入下行,相应地限制了支出的扩张。因此,需要新的机制来避免这种顺周期性。相对工业经济时代的税收与PPI的强关联性,数字经济和数据财政的稳定性相对更高,能够发挥出逆周期调节的作用,为经济稳定增长提供有力支撑。

2. 数据财政的三个层次和两个来源

数据财政可以划分为三个层次：一是既有的税收体系下对数字经济的征税，包括企业所得税、增值税、个人所得税等。这是对现有税收体系的完善和调整，以适应数字经济的发展。二是基于数据资产是否要开征新的税种，比如数字资产税，这是对数据资产的一种税收探索，旨在合理调节数据资源的分配和利用。三是政府作为产权所有人拥有的这些数据经过加工整理后，转让给市场取得的收入。这是政府利用数据资产获取收入的一种方式，也是数据财政的重要组成部分。

数据财政的来源主要有两个：一是政府凭借政治权力所取得的税收。这是政府作为税收征收者所获取的收入，是数据财政的主要来源之一。二是政府本身是数据资产的产权所有人。政府作为数据资产的产权所有人，可以通过转让数据资产获取收入，这是数据财政的另一个重要来源。

3. 构建数据财政体系仍需要解决的一些问题

在构建数据财政体系的过程中，仍需要解决以下问题：

第一，数据资产的权利归属问题。权利归属界定是利益归属、利益分配的前提。在数字经济时代，数据资产已经成为一种重要的资源，其权利归属问题亟待解决。需要明确数据资产的所有权、使用权、收益权等权利归属，为数据财政的构建提供法律保障。

第二，定价问题。数据资产的定价是一个复杂的问题，需要构建一种能使价格公允、科学地反映资源稀缺性程度的价格机制。可以通过市场竞价、协商定价等方式来确定数据资产的价格，确保数据财政的收入合理、公正。

第三，数据财政如何内嵌到既有财政体制中。数据财政作为一种新的财政收入来源，需要合理地嵌入既有的财政体制中。需要明确数据财政的税收分成、预算管理等方面的问题，确保数据财政与既有财政体制的协调性和一致性。比如数据资产税是中央税、共享税还是地方税？需要根据数据资产的特性和财政体制的要求来确定。

第四，探索数据财政要坚持促进数字经济发展和呵护行业发展。在探索数据财政的过程中，不能为了税收而忽视行业的发展。数据财政的构建应该与数字经济的发展相协调、相促进，不能对数字经济造成过大的负担和阻碍。因此,在探索数据财政时,要从长计议,不能不顾经济形势和行业发展的实际情况。要坚持统筹行业调控和合规监管,坚持规范与发展并重,坚持效率与公平并重的顶层设计思路。

总之,要先促进经济的发展和数字经济的发展,然后再考虑税收问题,顺序不能搞反了。只有这样,才能确保数据财政的构建既有利于财政收入的增加,又有利于数字经济的健康发展。

第 2 章 数字财税的历史背景与发展现状

随着信息技术的飞速发展,财税管理也经历了从传统手工操作到数字化、智能化的转变。本章将回顾企业税务管理数字化的历史背景,分析当前数字财税的发展现状,探讨国际数字财税的发展趋势与经验借鉴,为理解数字财税的演进路径提供全面视角。

2.1 企业税务管理数字化的历史背景

企业税务管理数字化的历史背景涉及多个方面,这些因素相互作用、共同推动,促使企业税务管理向数字化、智能化、一体化方向发展。

2.1.1 税务管理信息化的发展历程

税务管理信息化作为现代税务体系的重要组成部分,其发展经历了从起步、成长到发展的多个阶段,每一阶段都伴随着技术进步和税务管理需求的变革。

2.1.1.1 起步阶段(20 世纪 80 年代至 90 年代初期)

在 20 世纪 80 年代之前,国内企业的财务管理和税务管理主要依赖于人工操作,包括手工记账、纸质报表等。这种传统的管理方式效率低下,且易出错。随着计算机技术的引入和逐渐普及,各行各业开始探索利用计算机技术提高工作效率和准确性,税务管理领域也不例外。在这一阶段,基层税务部门开始尝试使用微型计算机来辅助日常工作。这些计算机主要用于处理税收计划、统计、会计等纸质数据,通过数字化手段提高数据处理速度和准确性。此外,税务部门还利用计算机技术优化面对面服务流程,提高服务效率。虽然这一时期的信息化程度相对较低,计算机主要应用于简单的数据处理和辅助工作,但这一阶段的探索和实践为后续的税务管理信息化奠定了坚实的基础。

2.1.1.2　成长阶段(20世纪90年代中期至2010年)

20世纪90年代中期,随着分税制改革的推进和增值税制度的建立,税务管理的复杂性和工作量大幅增加。传统的人工管理方式已无法满足税务管理的需求,税务部门对信息化的需求日益迫切。为了应对这一挑战,国家税务总局启动了金税一期和金税二期工程。金税一期工程主要部署了增值税专用发票交叉稽核系统,这一系统通过计算机技术对增值税专用发票进行交叉稽核,有效打击了虚开发票等税收违法行为,探索出了"以票管税"的新做法。金税二期工程则在此基础上进一步扩展了增值税发票的管理范围,包括开票、认证、报税和稽核等环节,构建了更为完善的增值税"以票管税"机制。这些工程不仅提高了增值税发票的管理效率和准确性,还为税务部门提供了更为全面、及时的税收数据支持。

金税一期和金税二期工程的实施取得了显著成效。增值税专用发票的管理得到了有效加强,税收违法行为得到了有力打击,税收征管效率和准确性得到了大幅提升。同时,这些工程还为后续的税务管理信息化积累了宝贵经验,为税务管理信息化的深入发展奠定了基础。

2.1.1.3　发展阶段(2010年至今)

进入21世纪以来,随着信息技术的飞速发展和"互联网+"行动的推进,税务管理信息化进入了快速发展阶段。税务部门积极响应国家信息化建设的号召,加快推进税务管理信息化进程,以适应新时代税务管理的需求。

在这一阶段,金税三期工程全面实施。金税三期工程是一个涵盖所有税费种类、支撑税务人员在线业务操作、为纳税人提供涉税事项办理业务的综合性信息系统。该系统不仅实现了国税地税征管体制改革的并库上线,还统一了原国税地税两套系统的流程、数据合流和功能升级。这意味着纳税人可以通过一个统一的平台办理所有涉税事项,大大提高了办税效率和便利性。此外,随着电子发票的推广和普及,税务管理信息化水平进一步提升。电子发票的引入实现了发票的无纸化、电子化存储和传输,不仅节省了纸质资源,还提高了发票管理的效率和准确性。具体而言,金税三期工程在以下几个方面取得了显著进展:①系统集成与整合。金税三期工程通过系统集成和整合,实现了国税地税征管系统的统一和并库上线。这消除了原国税地税系统之间的信息壁垒,实现了数据共享和流程协同,提高了税务管理的整体效率。②在线业务操作。金税三期工程支持税务人员在线进行业务操作,包括税务登记、申报纳税、税款缴纳、发票管理等。这大大提高了税务人员的工作效率,减少了人工操作的错误和疏漏。③纳税人服务优化。金税三期工程为纳税人提供了更为便捷、高效的涉税事项办理业务。纳税人可以通过网上办税平台随时随地进行税务申报、税款缴纳等操作,无须再到税务大厅排队等待。④数据安全与隐私保护。金税三期工程注重数据安全与隐私保护,采用了先进的数据加密和身份认证技术,确保纳税人信息的安全性和保密性。

金税三期工程的实施极大地提高了税务管理的效率和准确性。税务部门通过金税三期系统可以实时获取纳税人的税收数据,及时发现和处理税收违法行为,有效维护了税收秩序。同时,金税三期工程还为纳税人提供了更加便捷、高效的税务服务,提高了纳税人的满意度和遵从度。此外,电子发票的推广和普及也进一步提升了税务管理的信息化水平,为税务管理的现代化提供了有力支撑。

2.1.2 政策驱动与改革需求

2.1.2.1 政策驱动

近年来,我国政府积极响应全球税务改革的浪潮,出台了一系列旨在推动税务管理现代化和智能化的政策。这些政策不仅体现了国家对税务管理体系升级的高度重视,也反映了适应经济全球化、提升国家治理能力的迫切需求。除了2016年5月起实施的营业税改增值税这一重大税制改革外,我国政府还陆续推出了多项税务管理创新举措。例如,国家税务总局发布的《"互联网+税务"行动计划》明确提出,要利用现代信息技术手段,重构税务管理业务流程,实现税务管理的智能化、便捷化。此外,还包括推广电子税务局建设、实施税收大数据战略、加强国际税收合作与交流等一系列政策措施。这些政策不仅涵盖了税务管理的各个方面,还为税务管理数字化提供了全面的政策框架和实施路径。

这些政策的出台,为企业税务管理数字化提供了强有力的政策支持和明确的指导方向。一方面,政策鼓励企业采用先进的信息技术手段进行税务管理,提高税务处理的效率和准确性;另一方面,政策也为企业提供了更多的税务服务选择,如在线办税、远程咨询等,极大地便利了企业纳税人。同时,政策的推动还促进了税务管理行业的创新和发展,为税务管理数字化营造了良好的外部环境。

2.1.2.2　改革需求

随着经济的快速发展和税制的不断完善,传统的税务管理模式逐渐暴露出效率低下、准确性不高等问题。特别是在大数据、云计算等信息技术日益普及的今天,传统的税务管理方式已经难以满足现代税务管理的复杂需求。税务部门作为国家税收征管的重要机构,承担着确保税收收入、维护税收公平的重要职责。因此,税务部门需要更加高效、准确地完成税收征管任务,提高税收征管的科学性和有效性。同时,随着纳税人数量的不断增加和纳税需求的日益多样化,税务部门还需要为纳税人提供更加便捷、优质的税务服务,增强纳税人的获得感和满意度。因此,推动税务管理数字化成为税务改革的迫切需求。通过数字化手段,税务部门可以实现税务管理的智能化、自动化和便捷化,提高税务管理的效率和准确性,满足现代税务管理的需求。

2.1.3　技术进步的支持与推动

2.1.3.1　信息技术的发展

近年来,信息技术以惊人的速度发展,特别是大数据、云计算、人工智能、移动互联网等前沿技术的普及和应用,为各行各业带来了深刻的变革。税务管理领域也不例外,这些先进的信息技术为税务管理数字化提供了强大的技术支持和无限的可能。在税务管理领域,大数据技术的应用尤为广泛。通过大数据分析,税务部门可以更加准确地评估税收风险,及时发现并处理潜在的税务问题。同时,大数据技术还可以用于税务稽查,提高稽查的效率和准确性。云计算技术则为税务管理提供了统一的云平台,实现了税务数据的集中存储和共享,方便了税务部门之间的信息交流和协作。人工智能技术则在智能客服和税务咨询等领域发挥着重要作用,为纳税人提供更加智能化、个性化的服务。此外,移动互联网技术的普及也使得税务管理更加便捷化,纳税人可以通过手机等移动设备随时随地办理税务业务。

2.1.3.2 税务信息化系统的升级

随着信息技术的不断进步和税务管理需求的不断变化,税务信息化系统也需要不断升级和完善。只有跟上技术发展的步伐,满足税务管理的新需求,税务信息化系统才能发挥其应有的作用。以金税三期系统为例,该系统在不断升级和完善中,增加了许多新的功能和模块。这些新功能和模块不仅提高了税务管理的效率和准确性,还方便了纳税人的办税流程。例如,金税三期系统实现了与银行、海关等部门的信息共享,使得税务部门可以更加准确地掌握纳税人的经营情况,为税收征管提供有力支持。同时,随着电子发票的推广和普及,税务信息化系统也进行了相应的升级和改造。电子发票的引入不仅提高了发票管理的效率和准确性,还方便了纳税人的报销和账务处理。税务信息化系统的升级和完善,为税务管理数字化提供了有力的技术支撑和保障。

2.1.4 企业税务管理面临的挑战与转型需求

2.1.4.1 面临的挑战

(1)复杂多变的税务环境。随着全球经济的不断发展和国际税收规则的持续演变,税制体系日益复杂。各国政府为了应对经济全球化带来的挑战,不断调整和完善税务政策,以适应新的经济形势和税收需求。这种复杂多变的税务环境对企业税务管理提出了更高的要求。企业不仅需要密切关注税务政策的变化,还需要准确理解和把握政策背后的税收逻辑和原则,以确保税务合规性。同时,跨国企业还需要面对不同国家之间的税务差异和冲突,如税基侵蚀和利润转移(Base Erosion and Profit Shifting,BEPS)等问题,这进一步增加了企业税务管理的复杂性和难度。

(2)海量数据的处理需求。企业税务管理涉及大量的税务数据和信息,包括发票、合同、账簿、报表等。随着企业规模的扩大和业务范围的拓展,税务数据的数量和种类也在不断增加。如何高效地采集、存储、处理和分析这些数据成为企业税务管理的一大挑战。传统的手工处理方式已经无法满足现代税务管理的需求,企业需要引入先进的信息化技术和手段,如数据仓库、数据挖掘、数据分析等,以提高税务数据处理的效率和准确性。同时,企业还需要确保税务数据的安全性和保密性,防止数据泄露和滥用。

(3)税务风险的防控。随着税务稽查和税务处罚力度的加大,企业税务风险也在不断增加。税务风险不仅可能导致企业面临经济处罚和声誉损失,还可能影响企业的正常运营和发展。因此,如何有效地防控税务风险成为企业税务管理的重要任务。企业需要建立健全的税务风险管理制度和流程,明确税务风险管理的责任和义务,加强对税务风险的识别和评估。同时,企业还需要加强与税务机关的沟通和协作,及时了解税务政策的变化和要求,确保税务合规性。

2.1.4.2　转型需求

(1)数字化转型。面对上述挑战,企业税务管理需要进行数字化转型。数字化转型是指通过引入先进的信息化技术和手段,改变传统的税务管理方式和方法,提高税务管理的效率和准确性。数字化转型可以帮助企业实现税务数据的自动化采集、存储、处理和分析,提高税务数据处理的效率和准确性。同时,数字化转型还可以帮助企业实现税务管理的在线化和移动化,方便企业随时随地进行税务管理和操作。此外,数字化转型还可以帮助企业加强与税务机关的沟通和协作,提高税务合规性和风险防控能力。

(2)智能化升级。在数字化转型的基础上,企业税务管理还需要进行智能化升级。智能化升级是指利用人工智能、大数据等技术手段,实现税务管理的自动化和智能化。通过智能化升级,企业可以实现对税务数据的深度挖掘和分析,发现潜在的税务问题和风险,及时采取措施进行防范和化解。同时,智能化升级还可以帮助企业实现税务管理的个性化和定制化,根据企业的实际需求和特点,提供有针对性的税务管理方案和服务。此外,智能化升级还可以提高企业税务管理的决策支持和预测能力,为企业的发展提供有力的税务保障。

(3)业财税一体化。企业还需要推动业财税一体化建设。业财税一体化是指将税务管理融入企业的业务流程和财务管理中,实现税务管理的全面覆盖和高效衔接。通过业财税一体化建设,企业可以实现税务管理与业务流程的紧密结合,确保税务管理的及时性和准确性。同时,业财税一体化建设还可以帮助企业实现税务管理与财务管理的协同和整合,提高财务管理的效率和准确性。此外,业财税一体化建设还可以帮助企业加强对税务风险的防控和管理,确保企业的税务合规性和稳健发展。因此,业财税一体化建设是企业税务管理转型的重要方向之一,也是提高企业竞争力和市场适应能力的重要途径。

2.2　新一轮财税体制改革与数字财税建设

2.2.1　当前数字经济及数字财税发展现状

《数字中国发展报告(2023 年)》及一系列最新数据揭示了我国数字经济与数字财税领域蓬勃发展的现状,展现了数字经济在推动国家经济社会发展中的核心作用以及数字财税在提升国家治理效能中的重要地位。

(1)数字经济持续稳健发展,核心产业地位凸显。2023 年,我国数字经济持续稳健发展,其核心产业增加值占 GDP 的比重已达到 10%。这一数据不仅彰显了数字经济在国民经济中的重要地位,也反映了数字经济对经济增长的强劲贡献。《中国数字经济发展研究报告(2024 年)》显示,2023 年我国数字经济规模达到 53.9 万亿元,较上年增长 3.7 万亿元,增幅步入相对稳定区间。数字经济在国民经济中的地位和作用进一步凸显,融合化趋势进一步加强,与实体经济融合发展持续拓展深化。一、二、三产业数字经济渗透率分别为 10.78%、25.03% 和 45.63%,其中第二产业数字经济渗透率增幅首次超过第三产业,显示出数字经济在各产业中的全面渗透和深度融合。进一步观察,早在 2022 年,我国数字经济的比重就已经超过了 GDP 的 40%,这一数据进一步印证了数字经济对我国经济结构的深远影响。数字经济不仅成为推动经济增长的新引擎,还在优化经济结构、促进产业升级等方面发挥了重要作用。

(2)数字基础设施建设提速,技术支撑能力显著增强。数字基础设施是数字经济发展的基石。近年来,我国数字基础设施建设不断提速,为数字经济发展提供了坚实的技术支持。在算力方面,2023 年底我国算力总规模已达到全球领先水平,为各类数字应用场景提供了强大的计算支持。同时,5G、物联网、人工智能等新一代信息技术的快速发展,也为数字经济注入了新的活力。以 5G 为例,截至 2024 年 6 月,中国已建成全球规模最大的 5G 网络,5G 移动电话用户达 8.89 亿,在全球 5G 用户数中占比 52%。5G 技术的广泛应用,不仅提升了网络传输速度和质量,还为远程医疗、在线教育、智慧城市等应用场景提供了可能。此外,云计算、大数据、区块链等技术的快速发展,也为数字经济提供了强大的技术支撑。这些技术的应用,不仅提升了数据处理和分析能力,还推动了商业模式的创新和服务方式的变革。

(3)数字经济在消费、投资等领域深度渗透。在消费领域,数字经济已经成为推动消费升级的重要力量。我国已连续多年稳居全球最大的网络零售市场宝座,网络零售额持续攀升。2023 年,我国网络零售额达到 15.42 万亿元,同比增长显著。电子商务、直播带货、社交电商等新兴业态的蓬勃发展,不仅丰富了消费者的购物选择,也提升了消费体验。同时,数字经济在投资领域也发挥了重要作用。随着数字技术的不断发展和应用场景的不断拓展,数字基础设施投资、数字产业投资等领域成为投资热点。政府和企业纷纷加大在数字经济领域的投资力度,推动数字经济快速发展。

(4)数据要素价值凸显,成为新生产要素。作为新生产要素的数据要素,其价值在数字经济时代得到了充分凸显。2023 年,我国数据生产总量达到 32.85ZB,同比增长显著。数据的海量积累和分析能力的提升,为数字经济发展提供了强大的数据支撑。数据要素的市场化配置和交易也在不断探索和完善中。随着数据要素市场的逐步建立和完善,数据要素将在推动数字经济发展中发挥更加重要的作用。

(5)数字财税体系逐步完善,提升国家治理效能。与数字经济的快速发展相适应,我国数字财税体系也在逐步完善中。税务数字化方面,全国电子税务局的建设和推广应用取得了显著成效。目前,全国超过 95% 的涉税市场主体注册使用了电子税务局,纳税人网上申报率持续稳定保持在 99% 以上。税务数字化不仅提高了税务服务的便捷性和效率性,还加强了税收征管的精准性和有效性。财政数字化方面,预算管理一体化建设取得了突破性进展。目前,全国所有省、自治区、直辖市以及计划单列市和新疆生产建设兵团均已实现预算管理一体化系统上线运行。这一系统的推广使用,提高了预算管理的规范性和透明度,增强了财政资金的监管和使用效率。此外,数字财税在支持科技创新和制造业发展方面也发挥了重要作用。多地税务部门出台了一系列针对科技创新和制造业的税费优惠政策,如研发费用加计扣除、固定资产加速折旧等政策,鼓励企业加大研发投入,提高自主创新能力。这些政策的实施,有力推动了数字经济与实体经济的深度融合发展。

(6)数字经济与实体经济融合加深,赋能社会经济高质量发展。随着数字经济的快速发展,数字经济与实体经济的融合也在不断加深。通过应用数字技术实现产业转型升级和生产效率提升,正在成为我国数字经济发展的新亮点。2023 年,我国 47% 的规模以上企业应用了云计算、物联网、人工智能和工业互联网等数字技术。这些技术的应用,不仅提升了企业的生产效率和市场竞争力,还推动了社会经济的高质量发展。例如,在制造业领域,数字化技术的应用使得生产过程更加智能化、柔性化。通过物联网、人工智能等技术,制造业实现了精益化生产,资源利用效率大幅提高。在线上服务行业,数字化技术也促进了消费者体验的提升和服务方式的创新。

(7)数字经济区域发展不均衡,需加强协同治理。尽管我国数字经济整体呈现出蓬勃发展的态势,但区域发展不均衡的问题依然存在。东部地区由于基础条件好、应用场景多,数字经济发展领先全国。2023 年,东部地区数字经济核心产业企业法人单位数量占全国总量的 62.2%,营业收入占全国总量的 73.0%,均高于其他地区。为了促进数字经济区域均衡发展,需要加强协同治理机制建设。地方政府之间应加强合作与交流,共同推动数字经济基础设施建设、数字技术创新和应用场景拓展等方面的工作。同时,还需要加强对中西部地区的政策扶持和资金投入力度,推动数字经济在全国范围内的均衡发展。

(8)数字经济面临挑战与机遇并存,需加强监管与创新。在快速发展的过程中,数字经济也面临着一些挑战和问题。例如,数据交易的跨区域性和隐蔽性增加了税源辨别的难度;人工智能等新技术对现有税收制度提出了挑战;数字经济活动中的税收流失问题依然存在等。为了应对这些挑战和问题,需要加强数字经济的监管和创新工作。一方面,需要建立健全数字经济税收治理体系,完善税收征管机制和技术手段;另一方面,还需要加强对数字经济新业态、新模式的研究和探索工作,推动数字经济持续健康发展。

2.2.2 新一轮财税体制改革中数字财税建设的意义和目标任务

2.2.2.1 数字财税建设的意义

党的二十届三中全会明确提出了深化财税体制改革的 20 项主要任务,这些任务涵盖了预算制度、税收制度、中央和地方财政关系等多个领域。虽然直接涉及数字财税的改革内容并未被明确列出,但数字财税建设作为新一轮财税体制改革的重要组成部分,其意义不容忽视,且对改革的成效具有深远影响。数字财税建设主要涵盖两个方面的内容:一是财税管理的数字化,即运用数字技术实现财税管理的数字化和智能化;二是由社会经济数字化引起的财税政策和管理的创新,特别是数字经济和数字要素等领域的创新所带来的财税政策变革。这两方面内容相互关联、相互促进,共同构成了数字财税建设的核心。

将数字化的历史追溯到 1994 年,当时的电子化和信息化技术为财税体制改革提供了重要契机。随着分税制改革的开启,金税工程作为国家级信息化项目应运而生,不仅成为财税体系建设的重要内容,还对分税制组织机构设置、税收管理模式、财政分享模式等产生了重要影响。这一历史经验表明,数字财税建设对于推动财税体制改革、提升财税管理水平具有重要意义。在新一轮财税体制改革中,数字财税建设的意义更加凸显。一方面,数字财税建设有助于提升财税管理的效率和准确性,通过数字化手段实现财税数据的实时采集、处理和分析,为决策提供有力支持;另一方面,数字财税建设还能够推动财税政策的创新和完善,适应数字经济和数字要素发展的新要求,为经济社会发展提供有力保障。

2.2.2.2　数字财税建设的目标和任务

(1)数字财税体系建设要服务于中国式现代化目标。《中共中央关于进一步全面深化改革　推进中国式现代化的决定》(以下简称《决定》)提出了进一步全面深化改革、推进中国式现代化建设的目标。在数字经济时代,中国式现代化必然是高度数字化的,作为基础支柱保障的财税体系也必然是数字化和智能化的。数字财税不仅要形成财税体系运行的数字化环境,还要通过信息的交换和共享链接其他部门,成为数字政府的核心。同时,要通过合适的黏合剂(如税务部门的电子发票、财政部门的电子财政票据)以及公共数据的流通和使用,链接整个社会经济的运作体系,形成面向数字经济、数字社会、数字中国的数字化经济循环的中枢环节。

(2)数字财税体系建设要服务于新一轮财税体制改革的核心目标。回顾 1994 年分税制改革的目标,其宗旨在于提升"两个比重"(即财政收入占 GDP 的比重和中央财政收入占全国财政收入的比重)。金税工程对于提高和保障"两个比重"的任务起到了不可或缺的作用。新一轮财税体制改革的目标同样可以概括为"两个提高":一是提高财政保障中国式现代化建设的能力;二是提高防范财政风险的能力。数字财税体系的建设要对保障"两个提高"提供高度支撑,成为实现新一轮财税体制改革核心目标的重要保障。

(3)目标和任务是多维的。从制度和技术的角度来看,要完善和改革数字化条件下的财税制度,并在此基础上形成财税政策运作和管理的数字化平台。这要求我们在数字化条件下对财税制度进行重新审视和调整,确保其适应数字经济时代的要求。同时,还需要利用数字技术构建高效的财税政策运作和管理平台,提高财税政策的执行效率和效果。从数字化、智能化水平的角度来看,数字财税体系既要形成高度智能化和数字化的平台,又要具有人机友好的线上线下互动平台。这意味着数字财税体系不仅要具备强大的数据处理和分析能力,还要注重用户体验和便捷性,提供线上线下相结合的服务方式,满足不同层次、不同偏好的用户需求。从业务需要的角度来看,数字财税体系要形成同时反映社会经济和财税经济的大数据平台、支撑财税业务的数字化平台、管控财税风险和服务国家财税治理的决策支持平台。这三大平台相互关联、相互支撑,共同构成数字财税体系的完整框架。大数据平台为财税决策提供数据支持;数字化平台为财税业务提供高效便捷的服务;决策支持平台则为财税治理提供科学有效的决策依据。

2.2.2.3 完成目标和任务的主要途径

要完成新一轮财税体制改革中数字财税建设的目标和任务,需要采取多种途径和措施。

首先,要充分发挥数字技术的"使能器"作用。借助大数据、云计算、人工智能、区块链等新一代数字技术,推动财税管理的数字化和智能化进程。通过数字化手段实现财税数据的实时采集、处理和分析,提高财税管理的效率和准确性。同时,利用数字技术构建高效的财税政策运作和管理平台,提高财税政策的执行效率和效果。

其次,要创新财税政策手段和工具。改革不适应数字经济时代的传统政策和流程,形成与数字经济相匹配的财税政策和工具。例如,在税收政策方面,可以探索利用数字技术实现更加精准、高效的税收征管方式;在财政支出方面,可以利用数字化手段优化支出结构,提高财政资金的使用效率。具体来说,在财政领域,数字化对传统公共产品的提供范围和方式提出了挑战。通过数字化技术,能够更好地识别传统公共服务的对象,为财政覆盖公共产品的方式和手段提供契机。当前,传统水、电、气、公共交通等公共领域的价、税、费改革,以及信息化、数字化领域的新增财政支出,都反映了数字化对财政政策和工具的创新影响。此外,还可以利用数字平台、数字支付、数字人民币等手段创新财政补贴政策。近年来,为了拉动居民消费、促进经济发展,各地财政部门通过消费券等形式实施的财政补贴政策就是一个不错的例证。在数字化的支持下,这种面向最终消费者的大规模定制式财政补贴创新政策能够高效地覆盖广大消费者,提高补贴的精准性和有效性。

最后,要充分利用数据要素作为创新生产要素的潜力。数据要素作为新时代的重要生产要素,为财税体系的建设和创新提供了新的空间和想象力。通过挖掘和利用数据要素的价值,可以推动财税政策的创新和完善,适应数字经济时代的新要求。例如,可以利用数据要素构建更加精准、高效的税收征管模型,提高税收征管的效率和准确性;还可以利用数据要素优化财政支出结构,提高财政资金的使用效益。

2.2.3　新一轮财税体制改革中数字财税建设的若干重点任务

2.2.3.1　数字财政建设

近年来,数字财政作为财政运行中使用数字信息技术的主要内容,得到了迅速发展。这一发展不仅适应了社会经济的进步,还为有效实施财税政策提供了坚实的技术支撑。特别是预算管理一体化等重要系统的数字财政建设,不仅充分体现了现代预算管理制度的要求,还全面反映了预算资金流向和预算项目全生命周期的情况。这些系统完善了中央和地方财政系统信息,以及财政与行业部门之间的信息共享融通机制,对于提高财政运行效率发挥了不可替代的作用。

数字财政建设成果不仅为"提质增效"的财税政策提供了基础,更发挥了"使能器"的作用。它提升了财政运行的基础技术平台,为财税政策和管理创新开辟了新的空间。在新一轮财税体制改革中,完成《决定》部署的任务仍然需要重视提高财政的数字化水平。为此,应进一步总结现有经验,将财政大数据的利用作为重要突破口。通过完善预算管理一体化平台等现有财政数字化举措,形成覆盖经济、社会、财政、金融等各领域的财政大数据平台,并构建相应的数据深度利用格局。这将推动财政管理走向"以数理财",为预算管理体制、收入分享机制、财权事权改革,优化财政支出结构、政府财务报告等重点改革工作提供数字化、智能化的支撑平台。同时,还需要进一步研究数字化条件下财政政策和管理的新举措、新路径、新工具,以适应新时代的发展要求。具体来说,在数字财政建设中,应加强对财政大数据的挖掘和分析,提高数据利用的效率和准确性。通过预算管理一体化平台,实现预算资金的实时监控和动态调整,确保资金使用的合规性和有效性。同时,还应加强与行业部门的信息共享和融通,提高财政政策的针对性和实效性。此外,还可以利用数字技术推动财政报告的电子化、透明化,增强公众对财政管理的信任和监督。

2.2.3.2 数字税收建设

经过金税工程近30年的建设,尤其是金税三期、四期的深入实施,数字税收已经实现了管理平台、管理制度、税收政策的数字化转型。以数电票、电子税务局、税收大数据、个人所得税App等典型应用为代表的税收管理数字化运行平台,已成为税务管理的主要支撑。这些平台推动了预填确认式申报、精准化推送式服务、多表合一等数字化时代的税收管理模式和工具的应用,提高了税收管理的效率和便捷性。

当前,正在研究和形成匹配数字经济、平台经济的数字税收政策,以适应新时代经济发展的要求。针对《决定》提出的税收领域的改革任务,在深化征管改革意见实施、优化完善税收政策的下一步推进中,应继续巩固和拓展数字税收的良好格局。具体来说,可以进一步在税收管理中探索"平台+平台"模式,延伸数电票的应用范围,推动企业税务数字化水平的提升。同时,应促进涉税数据要素的流通和使用,深化拓展税收大数据的应用领域,研究税务领域的大模型技术,提升数字化、智能化的治理效能。在税收政策领域,应重点从征税对象、计税依据、适用税目等税制要素入手,完善新业态匹配的流转税和所得税制度。根据各产业分类中新业态的特征和数字技术的使用特点,优化和创新税制组成结构,确保税收政策能够适应数字经济时代的发展要求。此外,还应加强与国际税收体系的接轨和合作,推动全球税收治理的数字化进程。

2.2.3.3 数据财政建设

《决定》把推动高质量发展、促进新质生产力形成放在重要位置。财税数字化要面向社会和经济发展的新要求、新动力,其中促进新质生产力的形成是关键。数据资源体系和数字技术基础设施是新质生产力的关键组成和动力来源,而作为新生产要素的数据要素则是核心。为了充分发挥数据要素的作用,需要重视数据领域的财税政策。财税政策在推动数据要素领域发展中的工作可以称为数据财政。财政部会计司发布的《企业数据资源相关会计处理暂行规定》已于 2024 年 1 月 1 日开始实施,这为数据财政的发展提供了重要的制度保障。全社会数据资产潜在规模预计在 10 万亿级以上,数据财政的发展对于做强做优做大数字经济、推动数字经济和实体经济融合发展具有重要意义。

在目前这一关键时间节点上,正确理解数据财政的内涵和作用,并及时采取适当的政策至关重要。为此,需要在目前已有的涉及数字技术、数据中心、数字基础设施等相关领域的财政支出、税收政策、标准规范的基础之上,进一步加强财税部门和跨部门的统筹和协作。通过鼓励适度创新、推动数据要素流通和使用、支持公共数据授权运营试点等措施,构建良性循环、可持续性的数据财政模式。具体来说,在数据财政建设中,应加大对数字技术、数据中心等基础设施的财政投入力度,为数据要素的发展提供坚实的物质基础。同时,应制定和完善相关税收政策,鼓励企业加大数据资源的开发和利用力度。此外,还需要加强标准规范的建设和实施,确保数据要素的安全、合规和有序流通。通过这些措施的实施,数据财政或许可以为新一轮财税体制改革任务的圆满完成提供"点睛之笔",推动高质量发展迈上新台阶。

2.2.4　总结与建议

第一,面向新一轮财税体制改革的数字财税建设,其三项主要工作——数字税收、数字财政和数据财政,各自承载着不同的使命与任务,但它们之间并非简单的加法关系,而是乘法效应。如果说数字税收和数字财政是财税部门内部的数字化转型,旨在通过技术手段提升财税管理的效率和准确性,那么数据财政则是财税部门适应外部数字化转型的相应举措,它要求财税政策与工具必须与时俱进,与数字经济、数字社会、数字中国的发展紧密融合。这一乘法效应正好契合了有关部门在 2024 年推出的"数据要素×"行动中提出的导向和目标,即通过数据要素的赋能作用,推动各行各业数字化转型的深化与拓展。数字财税领域的这三项重点工作相互支撑、相互促进,共同构成了推动财税体系现代化转型的强大动力。在数字税收方面,通过数字化手段实现税收管理的精准化、智能化,不仅提高了税收征管的效率,还有效打击了税收逃避和欺诈行为,保障了税收的公平性和公正性。数字财政则通过预算管理一体化等系统的建设,实现了财政资源的合理配置和高效使用,提高了财政政策的执行力和效果。而数据财政则更加注重数据要素在财税政策中的运用,通过数据挖掘、分析和应用,为财税决策提供科学依据,推动财税政策更加精准、有效。

第二,数字财税领域的工作不仅要关注传统的财税政策和工具在数字产业化、产业数字化领域的应用,还要将视野拓展到作为新生产要素的数据领域。东数西算、"数据要素×"行动等重大战略的实施,为数字财税工作提供了新的舞台和机遇。数字财税政策应积极响应这些战略需求,夯实数据资源体系和数字基础设施,促进数字技术与经济、政治、文化、社会生态文明建设的深度融合。通过数字财税政策的引导和支持,可以推动数据要素在各行各业中的广泛应用,激发数据要素的创新活力,实现整体经济规模和效率的倍增。在数字财税政策的制定和实施过程中,应注重政策的前瞻性和灵活性,适应数字经济发展的快速变化。同时,还应加强跨部门、跨地区的协作与配合,形成合力推动数字财税工作的深入开展。此外,还应注重培养数字财税领域的专业人才,提高财税干部的数字素养和创新能力,为数字财税工作的持续发展提供有力保障。

第三,在新阶段的数字财税建设过程中,应从数字技术和数据要素两个角度入手,助力实现新一轮财税体制改革中数字经济条件下财税建设的目标。通过数字财税体系的建设和完善,充分发挥财政政策的汲水作用和引导作用,有效激活社会需求,激发更多领域的创新活力。数字财税建设还可以形成更有利的社会经济环境,为突破以往财税体制改革的困境提供有力支撑。在数字技术方面,应充分利用大数据、云计算、人工智能等先进技术手段,提升财税管理的智能化水平。通过数据挖掘和分析,可以更加准确地掌握经济运行状况和社会需求变化,为财税政策的制定和调整提供科学依据。同时,还可以利用数字技术优化财税服务流程,提高服务效率和质量,方便纳税人和缴费人办理相关业务。在数据要素方面,应注重数据要素的培育和利用。数据产权、交易流通、收益分配、安全治理等制度规则的完善,可以推动数据要素市场的健康发展。同时,还应加强数据要素在财税政策中的应用和创新,探索数据要素与财税政策的融合路径和模式,为数字经济条件下的财税建设提供新的思路和方向。

　　总之,要重视财税体系的数字化和智能化建设,在新一轮财税体制改革中充分利用数字新技术、数据新要素给财税领域建设带来的契机。不仅要抓住新一轮数字技术革命的契机,提高财税体系数字化运作水平,更要助力数据新要素推动新质生产力的形成,嵌入数字经济、数字社会、数字中国的发展中。在财税体系数字化转型和智能化升级的过程中,应健全和完善现代财税制度,解决预算管理现代化、税制结构优化、财政转移支付体系完善等问题。同时,在深化财税体制改革中应适度考虑数字技术和数据要素的"发动器""使能器"作用,从数字财政、数字税务、数据财政等三大具体任务的实践和创新中获得额外的增效,从而推进新一轮深化财税体制改革目标的实现。

2.3　国际数字财税的发展趋势与经验借鉴

　　随着数字技术的快速发展与深度应用,全球商业环境正经历着前所未有的变革。越来越多的跨国企业利用数字渠道提供商品和服务,这一趋势不仅极大地方便了人们的生产生活,也为全球经济发展注入了强大动力。然而,数字技术的广泛应用同样给国际税收体系带来了巨大挑战。在数字经济的背景下,跨国企业能够轻易利用数字技术的便捷性在跨境投资和交易中规避税负,这已成为许多企业的常规操作。为了应对这一挑战,一些国家和国际组织开始呼吁顺应数字经济的发展趋势,对现有国际税收体系进行改革。在这一背景下,"数字税"的理念应运而生,并逐渐成为国际社会关注的焦点。一些欧洲国家已经开始对征收数字税进行积极探索,其基本理念和初步实践为我国提供了宝贵的经验借鉴。

2.3.1　数字经济发展催生"数字税"概念

在现行的国际税收体系下,一国通常只会对在本国设立常设机构的企业征税。这一原则在传统经济模式下运行良好,但数字经济的兴起却对这一原则提出了严峻挑战。数字交易具有远程性特征,买卖双方无须面对面接触,只需借助互联网就可完成数字产品和服务的交易。这种跨时空的交易方式极大地拓宽了企业的市场边界,使得跨国企业能够在全球范围内拓展业务。然而,数字经济的跨时空性也为跨国企业"合法避税"提供了便利。这些企业在低税率国家或地区注册,可以在享受低税负的同时,面向全球提供数字产品和服务。以谷歌公司为例,为了规避美国境内高达35%的平均税率,谷歌在2007—2010年3年中,运用"爱尔兰荷兰三明治"模式将其海外业务的平均税率降低为2.4%。这种复杂的税收筹划手段使得谷歌能够在全球范围内最大化其税收利益,但同时也严重侵蚀了其他国家的税收基础。

根据经济合作与发展组织(Organization for Economic Cooperation and Development,OECD)的统计,相较于传统企业,大型跨国科技企业由于能够利用数字技术的便捷性进行复杂的税收筹划,因此可少承担一半以上的税负。这一现状导致了数字产品和服务输入国的税收利益受到严重侵蚀。意大利、法国等欧洲国家作为数字产品和服务的主要输入国,对美国的数字经济巨头极度不满,认为这些巨头企业在其国内赚取了巨额利润,但却通过复杂的税收筹划手段将税收留在了低税率国家,严重损害了本国税收利益。

为了维护自身的税收权益,一些欧洲国家开始采取行动。2015年,意大利政府指控苹果公司涉嫌在2008—2013年通过爱尔兰子公司逃税约8.8亿欧元,并对其展开了调查。最终,苹果公司向意大利政府支付了3.18亿欧元作为和解费。同年,法国政府也要求谷歌公司补缴其在法国少缴纳的11.2亿欧元税款。这些案例表明,欧洲国家已经开始对跨国科技企业的税收逃避行为展开积极应对。为了解决数字经济发展给一些国家带来的税基侵蚀问题,国际社会开始寻求合作与改革。2012 年,OECD 提出通过国际合作打击跨国企业的税收逃避行为。2015 年,OECD 发布了纲领性文件《应对数字经济的税收挑战》,该文件明确指出当前国际税收体系难以完全适应数字经济的发展,并提出需要重视这一问题。然而,该文件并未给出具体的解决方法,只是为后续的改革提供了方向性的指导。

2018 年,OECD 推出了《数字化税收挑战的中期报告》,进一步深入探讨了数字经济对税收体系的挑战,并提出了一些临时性措施来应对这些问题。然而,该报告并未明确具体的数字税征收方案,只是提出了一些原则性的建议和思路。这表明,全球统一的数字税征收方案的制定仍然面临诸多困难和挑战。由于全球统一的数字税征收方案迟迟无法出台,一些欧洲国家的税基长期遭到侵蚀。加之新冠疫情的影响,部分国家的财政状况持续恶化,使得他们对数字税征收的紧迫性更加突出。为了应对这一挑战,法国等一些欧洲国家于 2017 年联合发布了《关于对数字化经营企业征税的联合倡议》,提议在欧洲范围内先行征收数字税。这一倡议得到了部分欧洲国家的响应和支持,为数字税的征收提供了一定的政治基础。2018 年,欧盟委员会进一步推动了数字税的征收进程,发布了《关于对提供特定数字服务收入征收数字服务税的统一标准》等文件,正式提出了"数字税"的概念,并明确了数字税征收的基本原则和范围。这些文件的发布标志着数字税征收在欧洲范围内迈出了实质性的一步,为其他国家和地区提供了有益的借鉴和参考。

2.3.2　OECD 数字税框架

近年来,随着数字经济的迅猛发展,传统国际税收体系面临着前所未有的挑战。为了应对这一挑战,OECD 积极推动构建数字税征收框架,力求在全球范围内形成统一、公平的税收规则。2015 年,OECD 发布了《税基侵蚀和利润转移行动计划》,首次明确提出要积极进行国际税制改革以适应数字经济的发展。这一行动计划的提出,标志着国际社会开始正视数字经济给税收体系带来的冲击,并寻求通过国际合作来应对这一问题。随后,OECD又连续发布了多篇关于数字税的报告,逐渐形成了应对数字经济的"双支柱"税收方案。这一方案旨在通过两个核心支柱来改革国际税收体系,确保数字经济的税收公平性和可持续性。

支柱一:重新分配大型科技企业的征税权。支柱一主要解决大型科技企业实际经营地和注册地分离所带来的税基侵蚀问题。在数字经济时代,许多科技企业通过数字技术在全球范围内开展业务,但其注册地往往位于低税率国家或地区,这导致这些企业在全球范围内的税收负担不均衡。为了改变这一现状,支柱一创造性地将征税权由"物理联结"扩展为"利润来源联结"。据此,如果一个企业与一国通过数字技术等方式有持续且重大的联系时,就可认定该国是这个企业的市场国,该国就有对这一企业征税的权利。这种联系被称为"显著经济存在",它不再局限于传统的物理存在,而是涵盖了企业在数字经济中的各种活动。当该企业在全球营业收入超过200亿欧元且利润率高于10%时,就会触发数字税征收条件。这意味着,对于那些规模庞大、盈利能力强的科技企业,其超过一定利润水平的部分将需要按照一定比例分配给东道国进行征税。具体来说,需要将剩余利润(即超过收入10%的利润)的25%分配给东道国。这一规定旨在确保那些在全球范围内开展业务并赚取高额利润的企业,能够按照其实际经济活动所在地来承担相应的税收责任。

支柱二:设立全球最低公司税率。支柱二则主要解决税基侵蚀问题,特别是防止科技企业运用税务筹划等方式将利润向低税率国家和地区转移的问题。为了实现这一目标,支柱二将全球最低公司税率设为15%。这意味着,无论一个企业的注册地在哪里,其全球范围内的所得税税率都不得低于这个最低水平。如果一个企业通过其海外分支机构或其他关联方在海外缴纳的税率低于一定水平,那么企业总部所在国就可对这部分收入征税。这一规则的设置,可有效阻止各国竞相恶性降低本国税率以吸引跨国企业投资、注册。全球最低税率的设立,将有助于推动资源合理配置,确保所有大型跨国企业都至少以最低税率纳税,从而维护企业间的公平竞争。

为了寻求各国都能接受的解决方案,OECD 数字税的"双支柱"方案在充分吸纳各方意见的基础上,设置了较为详细的条款细则以适应复杂的实际情况。这些条款细则考虑了不同国家的税收制度、经济发展水平以及企业的实际经营情况,力求在保障税收公平性的同时,也兼顾各国的利益诉求。然而,尽管"双支柱"方案是当前国际上较为完备的数字税征收框架,为下一步数字税的开征提供了坚实的制度基础,但该框架也招致了不少批评声音。一些学者认为,"双支柱"方案设计得过于复杂,涉及多个方面的利益和博弈,实施起来难度较大。特别是在各国的协商过程中,实际谈判和博弈结果往往取决于各国自身对规则的认识能力。相对于发达国家,发展中国家往往会因为对规则的认识能力不足而在谈判过程中难以更好地维护自身利益。大型科技企业往往聚集于发达国家,这些企业拥有强大的经济实力和议价能力,而发展中国家则相对处于弱势地位。为了缩小与发达国家的差距,改善竞争劣势,一些发展中国家通过设立税收优惠政策等方式吸引更多跨国科技企业入驻本国。然而,全球最低税率的设立无疑将大大降低发展中国家的投资吸引力,使得这些国家在吸引外资方面面临更大的挑战。因此,如何在保障税收公平性的同时,也兼顾发展中国家的利益诉求,成为未来数字税征收框架需要进一步完善和考虑的问题。

2.3.3　欧洲国家数字税征收实践

由于关于数字税的全球磋商进展缓慢,近年来,一些欧洲国家选择自行出台数字税征收办法,以应对数字经济对传统税收体系的挑战。这些国家通过立法形式,对在本国境内开展数字业务的大型跨国科技企业征收数字税,为下一步数字税的全球落地实施提供了宝贵的实践基础。

2.3.3.1　法国:数字税立法的先行者

法国是世界首个对数字税进行立法的国家。2019 年,《开征数字服务税暨修改公司所得税降税路径法》经法国参议院通过并由总统签署生效,标志着法国正式建立了数字税制度。该法案决定对那些每年全球总收入超过7.5 亿欧元且在法国境内收入高于 2500 万欧元的科技企业征收数字服务税,税率为 3%。法国数字服务税的征收对象主要包括大型科技企业在法国开展的线上广告、数字中介服务等业务,而网上销售平台、金融服务平台等则享受豁免权。这一立法举措旨在确保那些在法国境内赚取大量数字收入的企业,能够按照其实际经济活动所在地来承担相应的税收责任。法国数字税的立法过程并非一帆风顺,遭到了美国等国的强烈反对。美国认为,法国的数字税针对的是美国科技巨头,构成了对美国企业的歧视性待遇。然而,法国坚持认为,数字税是应对数字经济挑战、维护税收公平性的必要举措。

2.3.3.2 意大利:紧随法国的步伐

紧随法国之后,意大利也对数字税进行了立法。2019年末,意大利国会通过了《2020年财政法》,其中明确规定了数字税的征收办法。该法规定,对全年总收入超过7.5亿欧元且在意大利国内收入高于550万欧元的科技企业,将征收3%的数字服务税。意大利的数字税制度与法国相似,也主要针对大型跨国科技企业在意大利境内开展的数字业务。意大利的数字税立法同样面临着国际压力,特别是来自美国的反对。然而,意大利政府表示,数字税是应对数字经济时代税收挑战的重要措施,有助于维护国家的税收主权和公平性。

2.3.3.3 英国:从转移利润税到数字服务税

虽然英国较早开征了类似数字税的"转移利润税",但直到2020年才将数字税纳入立法。2015年,英国开征了转移利润税,对通过设立海外机构等方式将本来在英国的利润转移到国外的部分利润征收转移利润税,同时针对该部分利润不再征收所得税,转移利润税税率为25%。这一举措旨在打击跨国企业利用税务筹划等手段逃避在英国的税收责任。2017年,英国出台了《企业税收与数字经济:立场文件》,进一步明确了针对数字经济的税收政策。该文件提出,对产生于英国但最终流向低税率国家和地区的利润征税,即使科技企业未在英国设立实体机构,但只要其在英国开展业务并取得利润,英国也有权对其征税。2020年,英国出台了《2020年财政法》及一系列数字服务税征收指南,正式建立了数字服务税制度。根据该制度,英国对在全球年收入超过5亿英镑且在英国国内收入高于2500万英镑的科技企业,将征收2%的数字服务税。英国的数字税制度相对较为宽松,起征点较高,税率也相对较低,这反映了英国在保护本国数字经济发展的同时,也力求在国际税收竞争中保持一定的竞争力。

2.3.3.4　西班牙:数字税立法后来居上

早在 2018 年,西班牙就提出对数字经营活动征税并将其纳入预算案提交议会审议。然而,由于选举等因素的影响,该提案一度被搁置。2020 年,西班牙新政府组建不久后就批准了《数字服务税法》,正式建立了数字税制度。该法规定,对在全球年收入超过 7.5 亿欧元且在西班牙国内收入高于 300 万欧元的科技企业,将征收 3% 的数字服务税。西班牙的数字税制度与其他欧洲国家相似,也主要针对大型跨国科技企业在西班牙境内开展的数字业务。西班牙政府表示,数字税的征收将有助于弥补数字经济对传统税收体系的冲击,确保所有企业都能按照其实际经济活动所在地来承担相应的税收责任。

2.3.3.5　欧洲国家数字税方案的对比与分析

对比上述欧洲国家的数字税方案,可以看出它们之间存在一些共同点和不同点。

共同点方面:大多数国家的数字税主要针对大型跨国科技企业,无论科技企业是否在本国设立实体机构,只要该企业在全球和本国的收入达到一定水平,就需向利润来源国纳税。这一举措旨在确保那些在全球范围内开展业务并赚取高额利润的企业,能够按照其实际经济活动所在地来承担相应的税收责任。同时,大多数国家的数字税率都设定在 2%~3%,相对较为适中。

不同点方面:首先,数字税的侧重点不同。不同国家根据其自身的经济情况和数字产业发展特点,选择了不同的数字税征收对象。例如,英国的数字税主要针对社交媒体平台等数字服务,而法国的数字税则侧重于数字广告业务。这种差异反映了各国在数字税立法上的灵活性和针对性。其次,数字税的起征点不同。不同国家对纳入征税范围的企业全球总收入和本国收入做出了不同的规定。例如,法国和意大利要求企业的全球年收入超过 7.5 亿欧元,而英国则要求企业的全球年收入超过 5 亿英镑。这种差异取决于各国的经济规模、数字产业发展水平以及税收政策的取向。最后,数字税税率不同。虽然大多数国家的数字税率都设定在 2%~3%,但仍然存在一些细微的差异。一般来说,数字经济发展较快的国家可能会选择较低的数字税率,以吸引更多的跨国科技企业入驻本国并推动本国数字经济的发展。然而,这种差异也可能导致国际税收竞争和税基侵蚀问题的加剧,需要各国通过国际合作和协调来共同应对。

2.3.4 数字税征收对我国的启示

数字税作为一个新兴的税收领域,不仅关乎经济利益的分配,更涉及国际政治格局的演变。在制定数字税政策时,必须兼顾不同类型企业间的税负公平,保障利润来源国的税收权益,同时促进数字经济的长远健康发展。当前,虽然 OECD 等国际组织正积极呼吁各国加强沟通协商,努力推动形成各方都能接受的数字税征收框架,但美国等数字服务输出国与英法等数字服务输入国之间仍存在明显的利益冲突。从国际实践来看,未来数字税的发展方向仍充满不确定性。在此背景下,我国应做好准备,以应对可能出现的各种情况。

一是以前瞻性眼光加强对数字税的研究。随着数字经济的蓬勃发展,数字税已成为国际社会关注的焦点。虽然 OECD 已经推出了数字税征收的"双支柱"框架,但框架中的许多征收细节仍在磋商过程中,尚未形成定论。因此,我国应加强对数字税征收条款的深入研究,全面、细致地分析每条细则对我国当前及未来可能产生的影响。根据 OECD 及有关国家现有的数字税征收条款,我国大部分科技企业可能暂时并未达到征收标准。然而,这并不意味着我们可以高枕无忧。我国数字经济发展迅速,国内科技企业正不断扩展海外市场,未来很有可能达到数字税的征收标准。因此,我国必须加强预判,以前瞻性的眼光看待数字税征收问题。我们应利用好当前数字税谈判的窗口期,在国际社会上积极发声,主动参与国际规则的制定过程,努力争取有利于我国的条款和条件,最大化维护我国的长远利益。同时,我国还应加强对数字税征收技术的研发和创新。数字税征收涉及大量的数据处理和信息分析工作,需要依靠先进的技术手段来支撑。我国应加大在数字税征收技术领域的投入力度,推动技术创新和产业升级,为数字税的征收提供有力的技术保障。

　　二是立足国情开展在国内征收数字税的可行性分析。数字经济作为一种新兴业态,正在极大地颠覆传统经济运行模式。数据已经与资本、劳动力等一样,成为一种新型的生产要素,在经济发展中发挥着越来越重要的作用。未来,数据在生产过程中的作用还将进一步加大,成为推动经济增长的重要动力。我国应积极顺应数字经济发展趋势,充分借鉴国际上数字税征收的方案和经验,结合我国的国情和实际情况,积极探讨在国内征收数字税的可行性。在征收数字税的过程中,我们应注重维护科技企业和传统企业的税负公平,避免因为数字税的征收而加重某些企业的负担,影响其实际经营和发展。同时,我们还应通过数字税的征收来引导企业加大在数字经济领域的投入力度,推动实体经济与数字经济的深度融合和发展。此外,我国还应加强对数字税征收的监督和管理力度。数字税征收涉及多个部门和领域的协调配合,需要建立健全的监督机制和管理体系来确保征收工作的顺利进行。我国应加强对数字税征收过程的监督和管理,防止出现逃税、漏税等违法行为,保障国家税收的合法性和公正性。

　　三是推动国内企业适应数字税征收趋势。虽然当前国际上并未对数字税征收形成一致意见,但一些国家已经先行征收数字税,这是不可逆转的趋势。我国企业应未雨绸缪,积极调整自身企业结构和经营方式,更好地适应数字税征收的趋势。一方面,我国企业应加强对数字税征收政策的研究和理解,掌握相关政策的精神和实质,为企业的经营和发展提供有力的政策保障。同时,企业还应加强与政府部门的沟通和协调,及时了解政策的变化和调整情况,确保企业的经营活动符合政策要求。另一方面,我国企业应积极调整自身的企业结构和经营方式,提高数字化水平和创新能力。通过加强技术研发和创新、拓展海外市场等方式来增强企业的竞争力和实力,使企业在征收数字税的情况下仍能在国际竞争中占据有利地位。此外,企业还应加强对员工的培训和教育力度,提高员工的数字化素养和技能水平,为企业的数字化转型和发展提供有力的人才保障。

第 3 章
数字经济时代的财税管理转型

面对数字经济带来的挑战与机遇,财税管理必须加快转型步伐。本章将深入分析财税管理数字化转型的必要性与紧迫性,提出具体的转型路径与策略,并通过案例分析展示成功企业的转型实践,为财税管理现代化提供实践指导。

3.1 财税管理数字化转型的必要性

在当今科技日新月异的时代,数字化转型已如汹涌浪潮,席卷各行各业,成为企业在激烈市场竞争中谋求生存与发展的关键路径。企业的财税管理作为企业运营的核心环节之一,也不可避免地被卷入这一变革的洪流之中,迎来了前所未有的新变革与新挑战。深入探究数字化转型对企业财税管理的影响、发展趋势以及应对策略,对于企业在新时代背景下实现可持续发展具有至关重要的意义。

3.1.1 数字化转型对财税管理的深度影响

3.1.1.1 效率与准确性的跃升

传统的财税管理模式往往依赖大量人工操作,从烦琐的财务数据录入,到复杂的税务申报流程,不仅耗时费力,而且极易出现人为失误。数字化转型则彻底改变了这一现状,通过引入自动化、智能化的财税管理系统,实现了财税管理流程的革新。自动化记账技术的运用,使得企业在日常经营活动中产生的各类收支数据能够实时、自动地传输至财税管理系统,并按照预设的会计规则进行分类、记账。这一转变不仅显著缩短了记账周期,还极大地减少了人工录入错误的可能性。在税务申报方面,智能化的财税系统能够根据企业的财务数据,自动生成各类税务申报表,并进行逻辑校验,确保申报数据的准确无误。企业只需简单点击提交按钮,即可完成税务申报,极大地提高了申报效率。据相关数据统计,引入数字化财税管理系统后,企业的财务结账时间平均缩短了30%~50%,税务申报的准确率则提升至99%以上。这种效率与准确性的大幅跃升,不仅减轻了财务人员的工作负担,还使他们能够从烦琐的基础工作中解脱出来,将更多精力投入财务分析、风险预警等具有更高价值的工作中,从而提升企业的整体财务管理水平。

3.1.1.2　数据资源的丰富赋能

数字化转型使企业置身于一个庞大的数据宝库之中,能够获取到更为丰富多样的数据资源。这些数据资源不仅涵盖了企业内部的财务数据、业务数据,还包括来自外部市场、行业动态、客户行为等多维度的信息。这些海量的数据为企业深入洞察市场动态和客户需求提供了有力支持,使企业在制定财税策略时能够更加精准、有效。通过对市场数据的细致分析,企业可以及时了解行业发展趋势、竞争对手的财务状况和税务策略,从而迅速调整自身的经营策略和财税规划,保持市场竞争力。例如,企业可以通过分析竞争对手的税务筹划方案,发现其在某些税收优惠政策的利用上更为充分,便可以借鉴其经验,优化自身的税务管理,降低税务成本。在客户需求洞察方面,企业通过收集和分析客户的购买数据、消费偏好等信息,能够精准定位目标客户群体,制定个性化的营销方案,提高市场占有率。同时,这些数据还可以帮助企业合理安排库存、优化供应链管理,进而影响企业的成本核算和税务筹划。例如,企业通过分析销售数据发现某类产品的客户需求在特定时间段内会大幅增长,便可以提前增加库存,避免缺货导致的销售损失,并根据库存变动情况合理调整成本分摊方法,降低应纳税所得额。丰富的数据资源为企业制定更为精准的财税策略提供了坚实的数据支撑,使企业在财税管理方面能够做到有的放矢,提升企业的经济效益和市场竞争力。

3.1.1.3 促进智能化决策

数字化转型还促进了财税管理的智能化决策。基于大数据和人工智能技术的财税管理系统,能够对企业海量的财务数据进行深度挖掘和分析,发现数据背后的规律和趋势,为企业的决策提供科学依据。例如,系统可以通过对历史财务数据的分析,预测企业未来的财务状况和现金流情况,帮助企业提前做好资金规划和筹备。同时,系统还可以对企业的税务风险进行实时监测和预警,一旦发现潜在的税务风险点,就会立即通知相关人员进行处理,有效避免税务风险的发生。这种智能化决策的能力,不仅提高了企业的决策效率和准确性,还降低了企业的决策风险,使企业在激烈的市场竞争中更加稳健地前行。

3.1.1.4 透明度和可追溯性增强

数字化转型还增强了财税管理的透明度和可追溯性。传统的财税管理模式下,由于数据量大、流程复杂,很容易出现数据丢失或被篡改的情况,导致财税管理的透明度和可追溯性较差。而数字化转型通过引入区块链等先进技术,实现了财税数据的去中心化存储和不可篡改性,确保了数据的真实性和完整性。企业可以随时随地查询和追溯财税数据的来源和去向,了解数据的整个生命周期过程。这种透明度和可追溯性的增强,不仅提高了企业对财税管理的信任度和满意度,还为企业应对外部审计和监管提供了有力支持。

3.1.1.5 财税管理的创新和发展

数字化转型还推动了财税管理的创新和发展。随着科技的不断进步和创新,新的财税管理理念和方法不断涌现,为企业的财税管理带来了新的机遇和挑战。数字化转型使企业能够更加灵活地适应这些变化和创新,不断尝试新的财税管理模式和方法,提高企业的财税管理水平和效率。例如,企业可以通过引入人工智能和机器学习等技术,实现财税管理的自动化和智能化;通过引入区块链技术,实现财税数据的去中心化和可追溯性;通过引入大数据和云计算等技术,实现财税数据的实时分析和决策支持。这些创新和发展不仅提升了企业的财税管理能力,还为企业的可持续发展奠定了坚实基础。

3.1.2 数字化转型下财税管理的四大新趋势

3.1.2.1 智能化管理：人工智能与大数据助力财税管理升级

随着人工智能、大数据等前沿技术的不断发展和广泛应用，企业财税管理正朝着智能化方向大步迈进。智能财税管理系统，如同一位不知疲倦且精准高效的财务专家，能够高效自动处理海量财务数据，精准识别潜在税务风险，并及时提供针对性解决方案。以某大型制造企业为例，该企业引入的智能财税管理系统具备强大的数据分析能力。系统能够实时采集企业生产、销售、采购等各个环节的数据，包括原材料采购价格、生产成本、销售数据、市场反馈等多维度信息。通过对这些数据进行深度挖掘和分析，系统能够建立数据模型，预测原材料价格的波动趋势，为企业的采购决策提供科学依据。在税务风险识别方面，系统更是展现出其卓越的智能性。它能够自动扫描企业的财务数据，与税务法规和行业标准进行细致对比，及时发现潜在的税务风险点。例如，当系统检测到企业的某项费用支出与同行业相比异常偏高时，会自动发出预警，并提供可能的原因分析，如是否存在不合理的费用归类、是否存在潜在的税务漏洞等，同时给出相应的解决方案。智能化管理不仅极大地提升了企业财税管理的工作效率，还为企业节省了大量人力和时间成本。企业不再需要大量的财务人员进行烦琐的数据处理和分析工作，只需要少数专业人员对智能系统进行监控和管理即可。这一变革使企业在财税管理领域更具竞争力，能够更快地适应市场变化，做出及时、准确的决策，从而推动企业的可持续发展。

3.1.2.2 数据驱动决策：以数据洞察引领财税策略

身处数字化转型浪潮之中，数据已成为企业决策不可或缺的关键依据。在财税管理方面，数据驱动决策的理念正逐渐深入人心。企业通过全面收集和深度分析多维度的数据信息，包括市场数据、消费者行为数据、竞争对手数据等，能够精准把握市场需求和消费者偏好，从而制定出高度契合市场的财税策略。以一家知名电商平台为例，该平台每天都会产生海量的用户数据，包括购买数据、浏览数据、评价数据、搜索数据等。通过对这些数据的细致分析,平台可以深入了解不同地区、不同年龄段、不同消费层次的用户需求特点,进而优化商品推荐策略,提高销售转化率。在财税管理方面,平台根据销售数据的波动情况,可以合理安排库存资金,避免过度库存导致的资金占用和成本增加。同时,通过分析用户的消费行为数据,平台可以预测未来的销售趋势,提前做好税务筹划。例如,在促销活动前,平台会根据以往的数据经验,预估销售额的增长幅度,合理调整税务申报计划,确保税务处理与业务发展相协调,避免因税务问题给企业带来不必要的风险。此外,数据还成为企业预测未来税务风险的有力工具。企业通过建立税务风险预警模型,将各类财务数据、税务数据以及行业数据输入模型中,模型可以根据设定的风险指标,如税率变动、政策调整等,实时监测企业的税务风险状况。当风险指标达到预警阈值时,系统会及时发出警报,提醒企业采取相应的措施进行风险防范,确保企业的财税安全。

3.1.2.3　云端管理:云计算开启财税管理新模式

云计算技术的蓬勃发展为企业财税管理开辟了全新思路。云端管理模式下,企业的财税管理系统不再局限于本地服务器,而是迁移至云端,实现了全球范围内财务数据的实时共享与协同作业。某跨国企业通过将财税管理系统迁移至云端,在财税管理提质增效方面取得了显著的成效。在全球各地设有分支机构的情况下,以往各分支机构的财务数据需要通过人工方式进行汇总和传输,不仅效率低下,而且容易出现数据不一致、数据丢失等问题。现在,通过云端财税管理系统,各分支机构的财务数据能够实时上传至云端,总部财务人员可以随时随地登录系统,查看和分析全球范围内的财务数据,实现跨地域、跨时区的协同作业。这一举措不仅大幅提升了企业的灵活性和可扩展性,使企业能够迅速响应市场变化,抓住商机,同时还显著降低了 IT 成本和系统维护成本。企业无须再投入大量资金购买和维护本地服务器、软件系统等,只需要按需使用云服务即可。云端管理模式还为企业的财税管理带来了更高的安全性。专业的云服务提供商通常具备完善的安全防护体系,包括数据加密、访问控制、防火墙等多重保障措施,能够为企业的数据提供全方位的保护,防止数据泄露和黑客攻击。此外,云端系统的自动备份功能也确保了企业财务数据的安全性和可靠性,即使发生硬件故障或人为失误,数据也能迅速恢复。

3.1.2.4　合规与风险管理:数字化时代的财税安全保障

在数字化转型进程中,随着企业财税管理的方式和手段不断变化,合规与风险管理的重要性愈发凸显。企业必须高度重视合规与风险管理,确保财税管理的安全与稳定,为企业的可持续发展奠定坚实基础。以一家金融企业为例,该企业通过构建完善的风险管理体系和合规流程,全方位确保财税管理的安全与稳定。在风险管理方面,企业建立了风险评估模型,对各类财税风险进行量化评估。例如,在投资决策过程中,企业会对投资项目的税务风险进行全面评估,包括税收政策变化对投资收益的影响、潜在的税务纠纷风险、跨境投资涉及的税收协定风险等。根据评估结果,企业制定相应的风险应对策略,如风险规避、风险降低、风险转移或风险接受等,降低风险发生的概率和损失程度。在合规方面,企业始终密切关注国家税收政策和相关法规的动态变化,及时灵活调整财税管理策略和流程。企业设立了专门的税务合规团队,负责跟踪和解读税收政策,确保企业的财税管理活动始终符合法律法规要求。例如,当国家出台新的税收优惠政策时,税务合规团队会及时评估政策对企业的适用性,并指导企业进行相应的税务筹划,充分享受政策红利。同时,企业还加强内部审计和监督,定期对财税管理流程进行审查,发现问题及时整改,避免潜在的法律风险和经济损失。通过加强合规与风险管理,企业能够在数字化时代确保财税管理的安全与稳定,为企业的健康发展提供有力保障。

3.2　财税管理数字化转型的路径

3.2.1　技术投入:强化财税管理的技术武装

企业应加大在财税管理领域的技术投入,视其为提升核心竞争力的关键策略。这不仅意味着引进最前沿的财税管理系统和高效工具,还涵盖对现有技术架构的全面升级与优化。在选择财税管理系统时,企业需深度考量自身的业务特性、规模以及长远发展规划,确保所选系统能够高度适配企业需求,并具备良好的可扩展性。例如,对于业务遍布全球、分支机构众多的大型跨国企业而言,应选择那些具备强大数据处理能力、支持多用户协同作业,并能适应跨国税务管理复杂性的系统;而对于中小企业而言,则可以选择那些操作简便、成本效益高,且能快速部署的云财税服务平台。同时,企业应保持对新兴技术的敏锐洞察力,积极探索区块链、人工智能、大数据等技术在财税管理领域的潜在应用。比如,区块链技术的不可篡改性可以极大地提升发票管理的透明度和安全性,而人工智能则可以通过智能合约等技术手段优化供应链金融流程。通过持续的技术投入和创新应用,企业可以不断提升财税管理的智能化和自动化水平,从而更好地适应数字化时代的快速发展需求。

3.2.2　人才培养:打造专业的财税人才队伍

数字化转型对财税人才提出了更高的要求,企业需高度重视财税管理人才的培养与引进。一方面,企业应加大对现有财税人员的培训力度,通过内部培训课程、外部专业进修、在线学习平台等多种方式,全面提升他们的数字化技能和综合素质。培训内容应涵盖数据分析、人工智能应用、云计算技术、财税法规等多个方面,确保财税人员能够掌握最新的数字化工具和技术,跟上数字化发展的步伐。另一方面,企业应积极引进具备数字化背景和丰富经验的财税专业人才,他们不仅精通财税专业知识,还熟悉先进的数字化技术和管理理念,能够为企业财税管理带来新的思路和方法。此外,企业还可以与高校、科研机构建立紧密的合作关系,共同建立财税人才培养基地,通过校企合作、实习实训等方式,提前储备优秀的财税人才,为企业财税管理的数字化转型提供坚实的智力支持和人才保障。

3.2.3　数据管理体系建设:挖掘数据价值

建立完善的数据管理体系是实现数字化财税管理的核心环节。在数据收集方面,企业应拓宽数据来源渠道,不仅要收集内部的财务数据、业务数据,还要关注外部的市场数据、行业数据、政策法规数据等。通过多元化的数据收集方式,确保数据的全面性、准确性和及时性。同时,企业应建立数据质量监控机制,对数据进行清洗和预处理,剔除异常数据和错误数据,提高数据的质量和可用性。在数据存储和管理方面,企业可以采用数据仓库、大数据平台等技术手段,对海量数据进行集中存储和管理。通过建立统一的数据标准和规范,实现数据的一致性和共享性,方便各部门之间的数据交换和协同作业。在数据分析方面,企业应培养专业的数据分析团队,运用数据挖掘、机器学习等先进技术方法,对财务数据进行深入分析和挖掘,揭示数据背后隐藏的规律和趋势。例如,通过数据分析找出成本控制的关键环节、税务筹划的优化空间以及潜在的业务增长机会,为企业的财税决策提供有力的数据支持。

3.2.4　数据安全与隐私保护:筑牢财税数据防线

随着数字化程度的不断提高,企业财税数据的安全和隐私保护面临着前所未有的挑战。企业必须加强数据安全和隐私保护措施,确保财务数据的完整性、保密性和可用性。在技术层面,企业应采用先进的加密技术,对财税数据进行加密传输和存储,防止数据在传输过程中被窃取或篡改。同时,企业应建立严格的访问控制机制,限制数据的访问权限,只有经过授权的人员才能访问敏感数据。此外,企业还应部署防火墙等安全防护设备,防止黑客攻击和恶意软件的入侵。在管理层面,企业应建立健全数据安全管理制度和流程,明确各部门和人员在数据安全管理中的职责和义务。加强员工的数据安全意识培训,提高员工对数据安全风险的认识和防范能力。企业应定期对数据安全管理制度的执行情况进行检查和评估,及时发现和纠正存在的问题。同时,企业还应制定数据安全应急预案,一旦发生数据安全事件,能够迅速采取措施进行应对,降低损失和影响。此外,企业在与第三方机构合作时,应签订严格的数据安全协议,明确双方的数据安全责任和义务,确保第三方机构对企业数据的安全处理和保护。

3.2.5 法规跟踪:确保财税管理合法合规

　　国家税收政策和相关法规的不断调整与完善,对企业财税管理提出了更高的要求。企业必须密切关注税收政策和法规的变化,及时调整财税管理策略和流程,确保企业财税管理活动始终符合法律法规要求。为此,企业可以设立专门的法规研究团队或岗位,负责跟踪和解读税收政策、法规的变化。通过订阅专业的财税资讯平台、参加税务机关组织的培训和研讨会等方式,及时获取最新法规信息。法规研究团队应对新出台的税收政策和法规进行深入分析和研究,评估其对企业财税管理的影响。在法规解读的基础上,企业应结合自身实际情况,对财税管理流程进行评估和优化。例如,当税收政策发生变化导致某些业务的税率调整时,企业应及时更新财税管理系统中的税率设置,并对相关业务的财务核算和税务申报进行调整。同时,企业还应加强与税务机关的沟通和交流,及时了解税务机关的监管要求和执法导向。通过定期向税务机关咨询和汇报企业的财税管理情况,增进与税务机关的理解和信任,避免因对法规理解偏差而导致的税务风险。企业应建立完善的合规管理体系,确保财税管理活动的合法合规性,维护企业良好的市场形象和合法权益。

　　综上,数字化转型给企业财税管理带来了前所未有的机遇与挑战。企业必须积极主动应对数字化转型趋势,持续加强技术投入和人才培养,精心建立完善的数据管理体系和风险管理机制。通过提高财税管理的智能化和自动化水平,企业可以更加高效地处理海量数据,挖掘数据价值,为决策提供有力支持。同时,企业还应加强数据安全和隐私保护,确保财务数据的完整性和保密性。密切关注税收政策和法规的变化,及时调整财税管理策略和流程,确保企业财税管理的合法合规性。只有这样,企业才能在激烈的市场竞争中赢得优势,为可持续发展提供强劲有力的支持,实现长期稳健发展。在这个充满变革的时代,企业财税管理的数字化转型之路虽然任重而道远,但无疑也充满着无限的可能与希望。

3.3　案例分析:成功企业的财税管理转型实践

浙江交通集团财税数字化转型探索
——"财务共享"迈向"财务中台"的升级之旅①

国务院发布的《"十四五"现代综合交通运输体系发展规划》明确指出:交通运输是构建新发展格局的重要支撑和服务人民美好生活、促进共同富裕的坚实保障。作为浙江省综合交通投融资的主平台和建设的主力军,浙江交通集团肩负着推动经济发展、提升基础设施水平、为未来奠定坚实基础的重大社会责任。

多年来,浙江交通集团凭借交通基础设施业务的优势,成功塑造了一条涵盖投融资、研发、设计、施工、商贸物流、资源开发、运营养护、装备制造八大环节的完整综合交通产业链,形成了以交通基础设施业务为"主体",交通关联业务与产业金融为"两翼"的"一体两翼"业务格局。

2021 年,浙江交通集团实现营业收入 2991.77 亿元,再度荣登《财富》世界 500 强榜单,排名跃升至第 302 位,较去年首次上榜时大幅提升了 131 位。根据已公布的全国 20 家主要省级交通投资类集团 2021 年财务报告,浙江交通集团在营业收入方面位居榜首,利润总额、净利润及资产总额均位列第三。而在资产总额排名前三位的省级交通投资类集团中,浙江交通集团的净资产收益率位居第一。

一、数字交投战略

在数字化时代,交通行业的发展路径持续演进,新技术在基础设施建设、交通运营及智慧交通领域发挥着愈发重要的作用。人工智能、大数据、物联网、虚拟现实、增强现实、云计算等技术,驱动了交通要素、生产关系及

---

① 案例来源:应剑华.浙江交通集团财税数字化转型实践——"财务共享"到"财务中台"的进化之路.(2022-11-2)[2025-1-15]. https://mp. weixin. qq. com/s/F2_-Gp4CXtoT7biPY8Y5hg.(有改动)

服务功能的变革。未来,综合交通、智慧交通、绿色交通、平安交通将成为交通运输业的发展主流。

近年来,浙江交通集团规模迅速扩张,业态多元且复杂,业务协同要求日益提高。为在复杂的市场环境中保持企业竞争力,提升可持续发展能力,集团必须不断提升管理能力。综合考虑集团自身发展、数字化时代变革及行业总体趋势,建立平台型组织,推进数字化转型已成为必然选择。2018年,集团提出"数字交投"战略,正式拉开了全面数字化转型的序幕。

浙江交通集团的数字化转型涵盖集团总部至业务板块的全方位转型:集团总部紧抓管控、运营、协同、服务四大核心方面推进数字化转型;各业务板块公司则围绕高效运营和业务创新展开工作。

两条主线并进,成功打造了主数据、合同管理、招投标管理、人力资源管理等通用系统,以及养护管理、设备管理、工程项目管理等具有行业特色的业务系统。然而,多个系统同步建设也面临巨大挑战。下属单位建设的系统之间,以及与集团之间的数据如何统一和优化,下属企业建设的系统质量如何评估,"数字交投"的价值如何充分发挥,仍需进一步探索和优化。

二、财税数字化转型之路

随着集团业务复杂度的提升及经营地域的不断扩张,集团下属各公司间标准化程度不一、信息化基础参差不齐的现状,逐渐导致了经营成本上升、管控效率下降等问题,财务管理数字化转型刻不容缓!建设财务共享中心,实现财务核算的集约化管理,为各公司提供后台支撑和数据服务,已成为提升管理能力的必由之路。

在此基础上,集团明确了财税数字化转型的总体目标:依托新技术力量,通过业务数字化、财务标准化、流程模块化等基础性工作,转变观念、重组组织、优化流程,构建一个集"赋能、管控、协同、服务"于一体的新型财务组织。逐步达成"降低财务处理成本、提高服务质量和效率、加强集团风险管控、促进财务职能转型、提升财务价值支撑"的战略目标,推动"数字交投"战略落地,最终实现集团全面数字化转型。

在组织层面,集团打造了财务共享中心,但其职能不限于财务核算的集约化管理,而是融合了全集团统一的财务核算中心、智能型财务数据中心、新型财务人才培养中心、管理决策支撑中心四位一体的新型财务共享中心，形成了标准化、数字化的管理支撑平台，即当今所称的"财务中台"。

在系统建设层面，浙江交通集团共享中心在"数字交投"框架下，描绘了集团财务共享服务的全景图。以金蝶云·星瀚系统为核心，构建了一个共享平台，提供三大基础服务，涵盖 N 个数字化场景，并抓住两大管控提升点。前端连接经营管理，深入业务一线，汇聚业财内外大数据；后端支撑管理决策，构建数字化分析场景，为管理决策提供依据，引领企业发展。从系统架构的前中后台视角来看，此次系统建设是财务中台和部分管理后台构建的重大数字化转型实践。

三、实践与成长之路

企业数字化建设中，帕累托法则表明"业务：技术＝8：2"。要深入理解业务、解构业务、分析业务，才能规避技术陷阱，体现真实个性化需求，打造实用应用系统。因此，企业数字化成败关键在企业自身。从顶层设计出发的数字化转型规划要落地，管理者需摒弃一蹴而就的想法，树立万丈高楼平地起的意识，坚定走好每一步的决心与信心。

集团"财务中台"建设，遵循"打基础、建平台、强管理、促转型"的思路有序推进。针对浙江交通集团各单位的实际情况，首要任务是完善信息化基础，构建良好运营体系环境，"打基础，建平台"成为项目启动的重中之重。

打基础的首要任务是会计标准化，这是后续财务管理数据采集及精准输出的前提。在财务共享平台系统建设前，浙江交通集团已推进会计标准化工作，梳理了四大业务板块 97 个业务节点，绘制了 72 张核算概览图，内容总篇幅达 610 页，总字数 28.91 万字。将标准化前的 3 万余个会计科目整合至约 5000 个，为后续规则梳理与自动化核算奠定基础。其次，围绕流程、制度、数据、系统四个维度优化运营体系环境。包括流程优化，删除冗余、非增值环节，明确各审批人审核要点；制度优化，固化规范流程要求，明确员工职责分工；数据提质，深度配合集团主数据系统建设，完成历史数据清洗；系统协同，结合财务标准化要求，推进相关业务系统建设优化。

建平台的工作是搭建财务中台系统。该工作主要分为三部分：一是构建星瀚财务共享核心平台；二是系统联调对接；三是搭建数据中台。通过集团 ESB 总线串联,各板块业务系统与财务共享平台形成数字共生圈。通过 10 多个系统的 30 多个数据接口,实现集团端到端业务流程的规范、高效、透明,促进业财跨界延伸,激发多个业财融合场景的创新。再借助数据中台对多源异构数据的整合、加工、服务封装能力来落地实施。

互联互通的"财务中台"建成,为全域端到端业财共享流程上线提供可能。全域财务共享的本质是让所有业务按既定规则运行,财务中台则能在此基础上,按规则层层汇总数据,通过报表展现业务全貌,真实反映业务情况,并能从整体穿透至局部,迅速定位问题所在,这是管理的关键一步。

共享落地实质是标准输出、管理能力输出。例如,在应付域推进过程中,我们发现部分项目部料账管理粗放,共享推进过程就是规范管理的过程,这非常耗时。

根据业务流程特性及规则逻辑相关性,端到端共享上线工作分域进行:费用域,将费用制度融入系统规则,强化制度执行;应付域,厘清各类采购预付、应付、暂估数据源,完善应付依据;资产域,为资产精细化、全生命周期管理奠基;资金域,确保业务流、资金流、财务信息流一致,降低资金风险;应收域,逐笔记录应收来源,精细化管理应收账龄,提高对账效率,及时减少挂账。此外,还有税务、成本、总账等各域的报账功能,实现了业务组织与财务组织的流程对接,让以往不易管控的细节实现数据留痕,提升了财税管控运营效率。

四、创新及成果展示

经由上述系统建设,集团财务管控信息化基础实现了飞跃式提升,为全面预算与管报两大管理工具提供了广阔的发展空间,使数字化场景得以有效实施。

在全面预算领域,预算与执行的数据链条得以贯通,实现了预算与实际自动比对和费用控制,加强了预算执行监控,丰富了预算与实际对比的维度,提高了对比分析的准确性,使分析结论更加稳固,改进建议更为精确有效。

在管报领域,围绕集团主价值链,设立了目标执行、财务风险、行业对标、成本费用、资金管理等多个主题分析板块,分板块设计指标、开发报表、收集数据,并转化为可视化看板,动态展示分析内容、及时传递关键信息,为经营管理决策提供有力支撑。

此外,集团从主业务价值链的核心领域寻找小切入点,打造了多个数字化应用场景,例如:行政物资集中采购场景,通过构建一体化平台,整合集团内部行政物资需求与优质供应渠道资源,建立供应商准入、评价和淘汰体系,并积累量、价、时、人、地等多维度数据,开展热门采购品类、服务流程时效、费用变动趋势等多主题分析,为集团制定集中采购目录、推动采购成本下降、定位流程梗阻节点、提升平台运营效率、锁定重点单位加强成本管控等举措提供数据支持。科学养护管理场景,致力于提升交通集团核心业务——养护成本的管理效率与质量。通过数据分析和建模,梳理养护支出与养护效果之间的逻辑关系,为高速公路运营公司测算养护成本、审核养护预算、评估养护决策提供依据。税务管理场景,遵循业财资税一体化的原则,在费用报销、应付等流程中融入发票采集、校验及价税数据处理,将税务风险管控点及数据采集点前移至业务端,有效防控了后续税务风险。同时,自动算税、一键报税等功能也使税务作业流程更加便捷高效。此外,还有商旅一站式服务平台、全员资产管理等场景,为各成员单位提供了全方位的运营管理支持。后续,集团还将统筹系统群建设进度,不断深化、拓展以上小切口场景,连点成线、连线成面,构建成多跨度的大场景,为集团经营管理全面助力。

五、展望未来,对标国际顶尖

在央企、国企对标世界一流的大趋势下,浙江省交通投资集团制定了《争当"四个标杆"加快向世界一流企业迈进行动计划》,其中明确提出要"以数字化改革为引领,推动各领域组织架构重构、业务流程再造、信息系统重塑",以此"争当国企改革先锋"。

数字化改革绝非简单的"线下转线上",其精髓在于对业务运营模式、管理运行机制的自我革新与创新,有赖于集团上下提升对价值目标及业务相关性的深刻认识。在诸多新兴数字技术的助力下,集团的财税数字化转型已初见成效,但仍需进一步深化业务分析、挖掘需求潜力,促进业务与技术的相互契合、深度融合,如此,方能稳健前行。

第4章
大数据在财税管理中的应用

大数据技术的兴起为财税管理带来了革命性的变化。本章将详细阐述大数据技术在财税管理中的应用价值,探讨其在财税数据挖掘与分析、风险防控等方面的具体应用,揭示大数据如何重塑财税管理的决策模式和服务流程。

4.1 大数据技术在财税管理中的应用价值

4.1.1 有助于深度挖掘财税数据

大数据技术以其卓越的处理和分析能力,在财税管理领域展现出了巨大的应用潜力。传统的财税管理方式往往依赖于有限的数据样本和人工分析,难以全面、准确地揭示财税数据背后的深层规律和关键信息。而大数据技术则能够处理海量、多维度的财税数据,通过先进的算法和模型,对数据进行深度挖掘和关联分析。这种深度挖掘不仅能够帮助企业精准识别财税管理中的问题和漏洞,如税收合规性风险、成本异常波动等,还能揭示数据之间隐藏的关联性和趋势性,为企业提供更全面、更深入的洞察。例如,通过对历史财税数据的分析,大数据技术可以预测未来税收政策的变化趋势,以及这些变化可能对企业财务状况的影响,从而使企业能够提前做好准备,调整财税策略。同时,大数据技术还能帮助企业发现财税管理中的潜在机会,如通过数据分析找出成本节约的空间、税务筹划的优化方案等,为企业管理层提供新的决策视角和思路。这些深度挖掘的结果不仅为企业优化管理流程、提升管理效率提供了有力支持,还有助于企业构建更加科学、合理的财税管理体系,推动企业的持续健康发展。

在具体应用上,大数据技术可以通过对财税数据的实时监控和分析,及时发现并预警潜在的风险点。比如,在税务申报过程中,大数据技术可以自动比对申报数据与历史数据、行业标准数据等,发现异常或不一致之处,及时提醒相关人员进行核查和修正,避免因数据错误或疏漏而导致的税务风险。此外,大数据技术还可以通过对财税数据的深度挖掘,为企业提供更精准的预算编制和执行监控。通过对历史预算数据和实际执行数据的对比分析,大数据技术可以揭示出预算执行的偏差和原因,为下一轮预算编制提供更加科学、合理的依据。同时,在预算执行过程中,大数据技术还可以实时监控预算执行情况,及时发现并预警超预算或预算执行异常的情况,帮助企业及时调整预算分配和控制成本。

除了在管理层面的应用外,大数据技术还可以在财税决策的制定过程中发挥重要作用。通过对市场数据、行业数据、竞争对手数据等多维度数据的整合和分析,大数据技术可以为企业提供更加全面、准确的市场环境和竞争态势分析,帮助企业制定出更加科学、合理的财税决策。比如,在投资决策过程中,大数据技术可以分析不同投资项目的税收优惠政策、成本效益、风险状况等,为企业提供投资决策的参考依据。在融资决策过程中,大数据技术可以分析不同融资渠道的融资成本、税务影响等,帮助企业选择最优的融资方案。

4.1.2　有助于提升企业财税管理安全系数

在大数据时代,企业在开展财税管理工作时,面临着前所未有的数据安全和风险防控挑战。财税数据作为企业的核心信息资产,其保密性和完整性直接关系到企业的经济利益和声誉。为了有效防范数据泄露和非法访问的风险,企业可以利用大数据技术的加密及访问控制等功能,为财税数据筑起一道坚实的安全屏障。

大数据技术提供的加密技术,可以对财税数据进行加密处理,确保数据在传输和存储过程中的保密性。通过采用先进的加密算法和密钥管理机制,即使数据在传输过程中被截获,也无法被未经授权的人员解密和读取。同时,大数据技术还提供了严格的访问控制功能,可以根据用户的身份和权限,对财税数据进行细粒度的访问控制。只有经过授权的人员才能访问特定的数据,有效防止了数据的非法访问和滥用。除了加密和访问控制功能外,大数据技术还具备实时监控和异常检测功能,这是提升企业财税管理安全系数的另一大利器。通过对财税数据的实时监控,大数据技术可以及时发现数据访问和使用过程中的异常行为,如未经授权的访问尝试、数据的大量复制或删除等。一旦检测到这些异常行为,大数据技术可以立即触发预警机制,通知相关人员进行处理,有效防止了数据泄露和破坏的发生。大数据技术还可以结合机器学习和人工智能算法,建立财税风险预测模型。通过对历史财税数据的分析和学习,模型可以识别出潜在的财税风险特征和模式,并对未来的风险进行预测和预警。这种基于大数据的风险预测能力,使企业能够提前采取防范措施,降低财税风险的发生概率和影响程度。

企业可以利用大数据技术的这些功能,建立完善的风险防控体系。首先,通过加密和访问控制功能,确保财税数据的保密性和完整性;其次,通过实时监控和异常检测功能,及时发现并处理数据访问和使用过程中的异常行为;最后,通过风险预测模型,对潜在的财税风险进行预测和预警。这道由大数据技术构建的安全防线,不仅能够有效防范数据泄露和非法访问的风险,还能提升企业财税管理的整体安全系数,为企业的稳健运营提供有力保障。值得一提的是,大数据技术在提升企业财税管理安全系数的同时,也对企业提出了更高的要求。企业需要建立完善的数据管理制度和流程,确保大数据技术的正确应用和有效运行;同时,还需要加强对员工的数据安全培训和教育,提高员工的数据安全意识和技能水平。只有这样,企业才能充分利用大数据技术的优势,提升企业财税管理的安全系数,为企业的长期发展奠定坚实基础。

4.1.3　有助于促进企业财税管理转型升级

在数字经济时代,企业财税管理正面临着前所未有的变革与挑战。传统的财税管理模式往往依赖于人工操作和经验判断,效率低下且易出错。而大数据技术的出现,为财税管理的转型升级提供了强大的技术支持。企业在大数据技术的支持下开展财税管理工作,可以通过构建智能化财税体系,引入先进的财税管理工具和技术,实现财税管理的自动化与智能化处理,从而大幅提高管理效率和管理质量。

构建智能化财税体系是企业财税管理转型升级的核心。这一体系以大数据技术为基础,通过集成先进的财税管理软件、数据分析工具和人工智能算法,形成了一套高效、智能的财税管理解决方案。在这个体系中,财税数据的采集、处理、分析和报告等各个环节都可以实现自动化,大大减少了人工干预和错误发生的可能性。例如,通过自动化的数据采集系统,企业可以实时获取各类财税数据,确保数据的准确性和时效性;通过智能化的数据处理和分析工具,企业可以对海量数据进行快速处理和分析,揭示数据背后的规律和趋势,为决策提供支持。

引入先进的财税管理工具和技术是智能化财税体系构建的重要组成部分。这些工具和技术不仅包括了传统的财税管理软件,如财务报表系统、税务申报系统等,还包括了新兴的大数据分析工具、人工智能算法等。这些工具和技术的应用,使得财税管理更加精准、高效。例如,大数据分析工具可以帮助企业挖掘财税数据中的潜在价值,发现成本节约的空间、税务筹划的优化方案等;人工智能算法则可以通过机器学习和深度学习等技术,对财税数据进行智能分类、预测和决策,提高财税管理的智能化水平。

实现财税管理的自动化与智能化处理是智能化财税体系构建的目标。通过自动化处理,企业可以大幅减少人工操作的时间和成本,提高财税管理的效率。例如,自动化的财务报表生成系统可以根据企业的业务数据和会计准则,自动生成准确的财务报表,无须人工编制和调整;自动化的税务申报系统则可以根据企业的税务数据和税收政策,自动完成税务申报和缴纳工作,避免漏报、错报等风险。而智能化处理则可以使财税管理更加精准、科学。例如,智能化的成本控制系统可以根据企业的成本数据和业务需求,自动调整成本控制策略,实现成本的最优化;智能化的税务筹划系统则可以根据企业的税务数据和税收政策变化,自动调整税务筹划方案,降低税务风险。

智能化财税体系的构建还可以促进企业财税管理的创新和发展。通过大数据技术的支持,企业可以更加深入地了解市场动态和客户需求,为财税管理提供新的思路和方法。例如,企业可以利用大数据分析技术对客户的消费行为和偏好进行分析,为制定更加精准的营销策略提供数据支持;同时,企业还可以利用人工智能算法对财税数据进行深度挖掘和预测,为决策提供更加科学、准确的依据。

4.2　大数据在财税数据挖掘与分析中的应用

在财税领域,大数据技术的引入为数据的处理、分析和应用带来了前所未有的变革。大数据不仅提升了数据处理的效率和准确性,还为企业决策提供了更为全面和深入的信息支持。

4.2.1　大数据在财税数据挖掘中的应用

4.2.1.1　数据收集与整合

在财税领域,数据是决策的基础,而大数据技术的应用首先体现在数据的收集与整合上。企业需要从多个渠道获取财税数据,这些数据来源广泛且格式多样,包括企业的财务报表、税务申报表、交易数据、市场数据、宏观经济数据等。具体而言:在企业内部系统方面,企业资源规划(ERP)系统、财务管理系统、客户关系管理(CRM)系统等是企业内部数据的主要来源。这些系统记录了企业的日常运营活动,包括销售、采购、生产、库存、财务等各个环节的数据。在税务部门方面,税务部门提供的数据包括企业的纳税记录、税务申报情况、税收政策变动等。这些数据对于企业的税务合规性检查、税务筹划和风险管理至关重要。在第三方机构方面,市场调研机构、行业协会、金融机构等第三方机构也是财税数据的重要来源。它们提供的数据可以帮助企业了解市场动态、行业趋势和融资环境,为企业的战略决策提供依据。

然而,这些数据往往分散在不同的系统中,格式也不统一,难以直接进行分析。通过大数据技术,企业可以对这些海量数据进行整合,形成统一的数据格式和标准。数据整合的过程包括数据抽取、数据转换和数据加载(Extract-Transform-Load,ETL)等步骤。通过这些步骤,企业可以将来自不同渠道的数据整合到一个统一的数据仓库中,为后续的数据分析提供基础。整合后不仅实现了数据的可用性和一致性,还降低了数据处理的复杂性,提高了数据分析的效率。

4.2.1.2 数据清洗与预处理

原始数据往往存在各种问题,如数据缺失、数据错误、数据重复等。这些问题如果不进行处理,会直接影响数据分析的准确性和可靠性。因此,在数据挖掘之前,需要对数据进行清洗和预处理。数据清洗和预处理是大数据技术在财税数据挖掘中不可或缺的一环。

数据清洗的过程包括数据去重、数据修复和数据转换等步骤。数据去重是删除重复记录的过程,以确保数据的唯一性。数据修复是对错误数据进行识别和纠正的过程,如修正拼写错误、处理异常值等。数据转换是将数据从一种格式转换为另一种格式的过程,以满足数据分析的需求。例如,将文本数据转换为数值数据,或将日期格式统一为标准的格式。对于缺失的数据,可以通过插值法或其他统计方法进行填补。插值法是根据已知数据点推测未知数据点的方法,适用于数据缺失较少的情况。当数据缺失较多时,可以采用机器学习算法进行预测和填补。对于错误的数据,需要建立数据质量检查机制,通过规则或模型对数据进行验证和纠正。数据清洗和预处理不仅提高了数据的准确性和可用性,还降低了数据分析的误差和风险。清洗后的数据更加干净、整齐,为后续的数据挖掘和分析提供了可靠的基础。

4.2.1.3 数据关联与挖掘

大数据技术具有强大的关联分析能力,能够从海量数据中发现隐藏的关系和模式。在财税数据挖掘中,数据关联与挖掘是大数据技术的核心应用。通过关联分析,可以发现不同数据指标之间的关系和规律,为企业的决策提供支持。

在财税领域,数据关联分析可以应用于多个方面。例如,可以通过关联分析发现销售收入与成本之间的关系。通过分析销售数据和成本数据,可以了解不同产品或服务的成本构成和盈利情况,为企业的定价策略、成本控制和利润优化提供依据。此外,还可以通过关联分析发现税收收入与经济增长之间的关系。通过分析税收数据和宏观经济数据,可以了解税收对经济增长的贡献和影响,为政府的税收政策和经济调控提供参考。

除了关联分析外,大数据技术还可以用于聚类分析、分类分析、预测分析等数据挖掘任务。聚类分析可以将相似的数据对象归为一类,帮助企业发现客户群体、产品类别等模式。分类分析可以根据已知的数据标签对新数据进行分类预测,如预测客户是否会购买某产品、企业是否会违约等。预测分析则可以利用历史数据建立预测模型,对未来的趋势和结果进行预测和评估。数据关联与挖掘不仅揭示了数据之间的内在联系和规律,还为企业提供了深入的数据洞察和决策支持。通过挖掘数据中的隐藏信息和知识,企业可以更好地了解市场动态、客户需求和业务运营情况,从而制定更加科学、合理的经营策略和发展规划。

4.2.2 大数据在财税数据分析中的应用

随着大数据技术的飞速发展,其在财税数据分析领域的应用日益广泛,为企业提供了前所未有的数据洞察力和决策支持。大数据不仅提升了财税数据分析的效率和准确性,还拓展了分析的深度和广度,使企业在风险管理、成本管理、经营决策以及税务合规性检查等方面具备了显著的优势。

4.2.2.1 风险评估与预测

大数据技术凭借其强大的数据处理和分析能力,为企业提供了对财务风险进行精准识别和预测的工具。在财税领域,企业面临着多种风险,包括资金链断裂风险、市场波动风险、税收合规性风险等。通过对大量的财务数据、市场交易数据、宏观经济数据等进行综合分析,大数据技术可以揭示潜在的风险因素。例如,通过对企业现金流、应收账款、存货等关键财务指标的实时监测和分析,大数据技术可以及时发现资金链紧张的迹象,预警可能出现的资金链断裂风险。同时,通过对税收法规的变动、企业历史税务申报数据等的分析,大数据技术可以评估企业的税收合规性风险,及时发现并纠正可能存在的漏报、错报等问题。大数据技术还可以用于构建预测模型,通过对历史数据的学习和模拟,预测企业未来的财务状况和税收负担。这些预测模型可以考虑多种因素的影响,如市场需求变化、成本波动、税收政策调整等,为企业的财务规划和决策提供更加科学、准确的依据。

4.2.2.2 成本管理与优化

在成本管理方面,大数据技术发挥了重要作用。传统的成本管理方法往往依赖于历史数据和经验判断,难以准确反映成本变化的实时情况和未来趋势。而大数据技术则可以通过对历史成本数据的深度挖掘和分析,找出成本变化的规律和趋势,为企业的成本控制和预算管理提供有力支持。例如,通过对生产过程中的各种成本数据进行实时监测和分析,大数据技术可以发现成本高昂的环节和工序,帮助企业找出成本控制的重点和方向。同时,通过对不同产品、不同客户、不同市场的成本效益进行分析,大数据技术可以评估不同成本投入对经济效益的影响,帮助企业制定更加科学的成本决策。大数据技术还可以用于成本预测和预算控制。通过对历史成本数据和未来市场趋势的综合分析,大数据技术可以预测企业未来的成本水平和变化趋势,为企业的预算编制和执行提供准确、可靠的依据。

4.2.2.3 经营决策支持

大数据技术为企业的经营决策提供了更加准确和全面的信息支持。在财税数据分析领域,通过对财务数据的挖掘和分析,大数据技术可以揭示市场趋势、消费者需求等关键因素,帮助企业制定更加科学的经营策略。例如,通过对销售数据的深入分析,大数据技术可以揭示不同产品、不同市场、不同客户的销售情况和趋势,帮助企业了解市场需求和消费者偏好。同时,通过对客户反馈和社交媒体数据的挖掘和分析,大数据技术可以揭示消费者对产品的评价和期望,为企业的产品开发和市场推广提供有力支持。大数据技术还可以用于竞争情报分析。通过对竞争对手的财务数据、市场策略、产品研发等信息的监测和分析,大数据技术可以揭示竞争对手的优势和劣势,帮助企业制定更加有效的竞争策略。

4.2.3　大数据在财税数据挖掘与分析中的技术支持

大数据技术在财税数据挖掘与分析中的应用,离不开一系列关键技术支持。这些技术为大数据处理、分析和应用提供了坚实的基础,使得企业能够更高效地挖掘财税数据中的价值,为决策提供有力支持。

4.2.3.1　数据存储与计算

大数据技术需要强大的数据存储和计算能力作为支撑,以应对海量数据的挑战。随着数据量的不断增长,传统的关系型数据库和单机计算方式已经无法满足需求。因此,分布式存储和计算技术应运而生,成为大数据处理的核心。

Hadoop 作为分布式存储和计算的典范,通过 HDFS(Hadoop Distributed File System)实现数据的分布式存储,使得数据可以跨越多台服务器进行存储,提高了数据的可靠性和可扩展性。同时,Hadoop 的 MapReduce 编程模型允许数据在分布式环境中进行并行计算,大大提高了数据处理的效率。除了 Hadoop,Spark 也是一款流行的分布式计算框架,它提供了更快速的内存计算能力,适用于需要实时或近实时数据处理的应用场景。这些分布式存储和计算技术不仅提高了数据处理的速度和规模,还降低了硬件成本,使得企业能够更经济高效地处理和分析海量财税数据。

4.2.3.2　数据分析工具与算法

在数据分析方面,大数据技术提供了丰富的工具和算法,这些工具和算法是挖掘财税数据价值的关键。统计分析是数据分析的基础,通过描述性统计、推断性统计等方法,可以对财税数据进行初步的探索和分析。

机器学习算法则进一步提升了数据分析的深度和广度。监督学习算法,如逻辑回归、支持向量机、随机森林等,可以用于分类和预测问题,帮助企业识别潜在的财税风险、预测税收收入等。无监督学习算法,如聚类算法、关联规则挖掘等,则可以用于发现数据中的隐藏模式和关联关系,如客户分群、产品组合销售分析等。此外,数据挖掘算法如 Apriori、FP-Growth 等,也可以用于从海量财税数据中挖掘出有价值的信息和知识。这些算法的不断优化和创新,为财税数据挖掘和分析提供了强大的技术支持。

4.2.3.3　数据可视化与呈现

数据可视化是大数据技术应用中的重要环节,它使得复杂的数据分析结果变得直观易懂,有助于用户更好地理解和应用这些信息。在财税领域,数据可视化发挥着举足轻重的作用。

通过柱状图、折线图、饼图等基本图形,可以清晰地展示企业的财务状况、成本结构、税收负担等关键指标。更高级的可视化技术如仪表盘、热力图、地理信息系统(GIS)等,则可以提供更丰富、更动态的数据展示方式。例如,仪表盘可以实时更新企业的财税数据,帮助管理者随时掌握企业的财务状况;热力图可以通过颜色的深浅来表示数据的大小或密度,直观地展示数据在空间上的分布;GIS 则可以将财税数据与地理信息相结合,展示不同地区或区域的税收情况。数据可视化不仅提高了数据的可读性和可理解性,还增强了数据的交互性和探索性,使得用户能够更深入地挖掘和分析财税数据中的价值。

4.2.4　大数据在财税数据挖掘与分析中的挑战与对策

尽管大数据技术在财税数据挖掘与分析中具有巨大的潜力,但也面临着一些挑战。为了充分发挥大数据技术的优势,企业需要正视这些挑战并采取相应的对策。

4.2.4.1　数据质量与准确性

数据质量是大数据技术应用中的基础问题。由于原始数据的多样性和复杂性,数据质量往往参差不齐。错误的、不完整的或不一致的数据可能导致分析结果的不准确甚至产生误导性。为了提高数据质量,企业需要建立严格的数据采集、清洗和校验机制。在数据采集阶段,应确保数据来源的可靠性和合法性;在数据清洗阶段,应采用数据清洗工具和算法来识别并纠正数据中的错误和不一致性;在数据校验阶段,应通过人工审核或自动化校验方式来验证数据的准确性和完整性。同时,还需要采用数据质量评估工具和方法,对数据的质量进行持续监控和评估。

4.2.4.2 数据安全与隐私保护

财税数据属于敏感信息,涉及企业的商业秘密和个人隐私,因此需要进行严格的安全保护。随着大数据技术的广泛应用,数据安全问题日益凸显,如数据泄露、数据篡改、数据丢失等风险不断增加。为了保护财税数据的安全和隐私,企业需要建立完善的数据安全管理制度和技术措施。在管理制度方面,应明确数据的访问权限和使用规范,加强对数据操作人员的培训和管理;在技术措施方面,可以采用加密技术来保护数据的传输和存储安全,采用访问控制来限制对数据的访问和操作,采用数据脱敏等方法来保护数据的隐私性。同时,还需要定期对数据进行备份和恢复测试,以确保数据的可靠性和可用性。

4.2.4.3 技术能力与人才短缺

大数据技术需要一定的技术能力支持,包括数据分析、数据挖掘、数据可视化等方面的专业知识和技能。然而,目前许多企业在大数据技术应用方面还存在技术能力和人才短缺的问题,这限制了大数据技术在财税数据挖掘与分析中的应用和发展。若要解决这一问题,企业需要加强对员工的培训和教育,提高员工的数据分析意识和能力。可以组织内部培训课程或邀请外部专家举办讲座和培训,帮助员工掌握大数据技术的基本原理和应用方法。同时,还可以与专业的数据分析机构合作,共同开展数据挖掘和分析工作。通过合作与交流,可以引进外部的专业人才和技术资源,提升企业的整体技术水平和竞争力。

4.2.4.4 法规与政策环境

随着大数据技术的广泛应用,相关的法规和政策环境也在不断完善。数据隐私保护、数据安全监管、数据跨境流动等方面的法规和政策不断出台和更新,对企业的数据挖掘和分析活动提出了更高的要求。企业需要密切关注相关的法规和政策变化,确保自身的数据挖掘和分析活动符合法规和政策要求。可以建立法规和政策跟踪机制,及时了解和掌握最新的法规和政策动态。同时,需要积极参与相关法规和政策的制定过程,为大数据技术的健康发展提供支持和保障。还可以通过行业协会、研究机构等渠道参与相关标准的制定和讨论,推动大数据技术在财税领域的规范化和标准化发展。

4.3　财税大数据在企业税务风险管理中的实践

在企业财务工作中,税务风险管理是至关重要的一环,它直接关系到企业的经济安全、合规运营以及可持续发展。传统的税务风险管理主要依赖人工对专业数据进行收集、分析、汇总,形成相关资料以供决策。然而,这种方式受人为因素、环境因素的影响较大,实施过程中存在诸多操作风险,难以保证数据的真实性、准确性和完整性,进而影响税务风险评估的准确性和有效性。随着企业财务创新的发展和数字化转型的推进,传统风控模式已无法满足财务工作发展的需要。为了提高财务工作在商业决策中的作用,提升税务风险管理的智能化和精细化水平,将财税大数据技术介入财税管理势在必行。

4.3.1　企业税务风险管理中财税大数据的应用优势

财税大数据在企业税务风险管理中的应用具有显著的优势,能够极大地提升风险管理的效率和效果。

4.3.1.1　实现风险管理效率的有效提升

传统的企业风险管理主要依靠人工对数据进行收集、分析和整合,采用的是相对单一、粗放的管理模式。然而,实施主体容易受环境因素的影响,如人工核算错误、数据造假、信息遗漏等,这些都对税务风险数据的准确性、真实性造成严重影响。同时,传统风控模式具有准确率低、耗时长、难以应对大规模数据处理的弊端。随着财务工作的不断深化和数字化转型的加速，风险核算数据对多元化、实时性提出更高要求，传统的企业风险管理模式已无法适应现代化财务管理工作的要求。

财税大数据技术的应用，能够融合新技术、新方法对税务管理流程进行优化和重构。通过自动化、智能化的数据采集、处理和分析工具，可以实现对海量税务数据的快速、准确处理，大大提高风险管理的效率。同时，财税大数据技术还能够强化企业税务管理与风险管理的有效结合，实现数据的高效处理和信息的实时共享，从而最大限度强化数据收集、处理和分析的能力，提升企业纳税遵从度和风险管理水平。此外，通过科学的数据计算和纳税评估法则，企业可以对税务风险进行合理评估，有效规避税务管理中的风险，为财务规划工作的有序开展提供有力支持。

4.3.1.2　实现纳税数据资源的有效整合

财税大数据技术能够实现纳税数据资源的有效整合，大幅度提升风险管理的抵御能力，使各种资源的整合趋于集约化、电子化。在传统的税务风险管理中，纳税数据资源往往分散在各个部门、系统中，难以实现高效、准确的整合和分析。而财税大数据技术通过构建统一的税务风险管理系统，可以将财务数据与纳税数据导入系统中，通过大数据算法和模型完成相关数据的高效处理和分析。

这种智能化、自动化的处理方式不仅提高了数据处理的效率和准确性，还能够实现数据的实时更新和共享，确保各部门之间的信息畅通无阻。同时，财税大数据技术还能够通过指标模型体系对大量指标进行高效运算和分析，为税务风险管理提供更加全面、准确的数据支持。此外，财务人员还可以采用纵向横向比对法，将竞争对手的数据和财税评估结果进行比对，帮助企业清醒认知自身的纳税状况和市场地位，为企业制定更加合理的税务策略和风险管理措施提供有力依据。

4.3.1.3　实现财税风险管理的手段创新

随着财税风险管理模式的不断创新和发展，大数据技术应运而生，并在税务风险管理中发挥着越来越重要的作用。在税务风险管理中介入大数据技术，有利于数据的高效处理与细致化计算，同时能够优化企业财税风险的管理结构,使信息更适配数据处理模型的运作。通过大数据技术的应用,企业可以实现对税务风险的实时监控和预警,及时察觉并应对潜在的风险点,从根本上攻克传统管理模式下财税管理实效性差、难度大的问题。

在财务工作方面,财税大数据在税负率、企业税负等方面的应用取得了不错成效。通过对这些关键指标进行深入分析和挖掘,企业可以更加清晰地了解自己的税务状况和风险水平,为优化业务布局、规划可行性高的发展路径提供有力支持。同时,在实施大数据财税管理过程中,企业应不断深化对税负率与税负有效性的认识和理解,为后续筹划税务目标、制定更加合理的税务策略提供科学依据。最终,通过财税大数据技术的应用和创新,企业可以实现整体经济效益的最大化,提升市场竞争力和可持续发展能力。

4.3.2　财税改革背景下企业税务风险管理存在问题

在财税改革的大背景下,企业税务风险管理面临着诸多挑战和问题,这些问题不仅影响企业的税务合规性,还可能对企业的声誉、财务状况以及持续发展产生不利影响。

4.3.2.1　财税改革背景下抵扣进项税额引发的风险

随着我国税制改革的不断深入,税收减免政策成为企业优化税务筹划、降低税负的重要手段。然而,在实践过程中,部分企业对税收减免政策的认识和理解存在不到位的情况,导致无法正确使用这些政策,进而增加了企业的税务风险。一些企业可能忽视了对纳税义务的兑现,通过不正当手段制造偷税漏税行为,这不仅损害了企业的形象和名誉,还可能使企业面临法律制裁和经济处罚。特别是在抵扣进项税额方面,由于税制改革带来的政策变化和操作复杂性,企业如果未能准确理解和把握相关政策规定,就可能导致抵扣不当,进而引发税务风险。例如,对抵扣凭证的合规性、抵扣范围的准确性以及抵扣时限的把握等方面存在疏忽,都可能导致企业被税务机关查处,并承担相应的法律责任。

4.3.2.2　财税改革背景下税收政策理解偏差导致的风险

在财税改革过程中,税收政策的频繁调整和更新给企业带来了理解和适应的挑战。由于信息不对称和税收政策的专业性,部分企业在理解税收政策时存在偏差,导致在实际操作中违反税收法规,引发税务风险。特别是在新冠疫情防控期间的税收减免政策中,许多政策都对适用主体做出了明确规定和要求,但一些企业仅仅考虑自身满足条件的部分,就简单地认定符合税收优惠的标准,而忽视了其他限制条件和要求,从而带来了较大的税务风险。此外,企业管理人员对税收减免政策的概念、要求理解含糊,也会导致减免政策的作用得不到充分发挥,甚至给企业带来不必要的税务负担和风险。一旦企业在税务征收方面出现问题,不仅要多缴纳相应的滞纳金和罚款,还会损害企业形象,进而影响企业的正常运营和发展。

4.3.2.3　财税改革背景下企业对税务风险管理重要性认识不足

在财税改革背景下,企业对税务风险管理的重要性认识不足是一个普遍存在的问题。这主要体现在三个方面:第一,税务风险管理成员配备不足。许多企业在税务风险管理方面的人员配置相对薄弱,税务风险管理人员相较其他业务人员占比较低,其中具有相关专业资质证书的专业人员更是寥寥无几。甚至出现编制、审核、报税等关键岗位均由同一人担任的情况,这大大增加了税务风险的发生概率。第二,人员工作态度懈怠。由于企业普遍存在专业人员招聘难的问题,一些企业为了降低用人成本,不得不降低用人标准,导致税务相关人员的整体业务能力和专业水平较低。加上缺乏完善的管理体系对具体岗位、部门人员进行规范管理,部分工作人员态度散漫,缺乏责任心和敬业精神。第三,人员综合素质参差不齐。在实施税务风险管理过程中,税务人员往往只关注手头上的具体工作问题,缺乏提高工作效率和实效性的意识。他们缺乏工作积极性和创新思维,难以适应财税改革带来的新挑战和新要求。

4.3.2.4　财税改革背景下管理配套制度缺失

在财税改革背景下,企业税务风险管理需要有一套科学、合理的管理体系来支撑。然而,大部分企业仍沿用传统的财税管理体系,这套体系已经难以适应当前财税改革的新形势和新要求。同时,企业没有将税务风险管理与企业发展、业务活动进行有效融合,导致税务风险管理的操作流程和体系缺乏可行性和针对性。这不仅制约了企业的持续发展,还降低了税务风管理的效率。此外,随着市场竞争的日益激烈,企业面临的税务风险也越来越复杂和多变。如果缺乏完善的管理配套制度来应对这些风险,企业将很难在市场竞争中生存。长此以往,企业可能会因为无法有效应对税务风险而失去市场竞争力,甚至面临被市场淘汰的风险。

具体来说,管理配套制度的缺失主要体现在以下几个方面:一是缺乏完善的税务风险管理制度和流程,导致企业在处理税务风险时缺乏明确的指导和规范;二是缺乏有效的税务风险预警机制,无法及时发现和应对潜在的税务风险;三是缺乏完善的税务风险培训和教育体系,无法提高税务人员的专业素养和风险防范意识;四是缺乏有效的税务风险监督和管理机制,无法对税务风险管理工作进行有效的监督和评估。

4.3.2.5　财税改革背景下风险管理的整体效率问题

在财税改革背景下,企业税务风险管理的整体效率问题亟待解决。目前,仍有部分企业沿用传统的经营管理理念和管理体制,缺乏创新思维和变革意识。在进行税务风险管理时,这些企业往往难以转变惯性思维,打破程序性思考模式,导致在面对突发问题和新情况时,工作人员的思维缺乏敏捷性和灵活性。同时,由于工作人员故步自封,不主动汲取新知识、新技能,导致评估效率达不到标准,无法及时有效地应对税务风险。

此外,企业监督管理机构在税务风险管理过程中也存在问题。一些企业的监督管理机构无法对大数据实施动态监控,难以在风险管理过程中发现问题和隐患。这不仅给问题和隐患提供了发酵的空间,还可能引发不可逆转的危机。而且,企业税务人员往往只关注税务风险的事后管理,忽视了事前预防和事中控制的重要性。他们未针对整体业务流程各环节进行思考和分析,无法将税务风险遏制在业务发生之前,导致税务管理整体效率低下,形成恶性循环。

4.3.3　财税大数据在企业税务风险管理中的应用策略

随着信息技术的飞速发展,财税大数据已成为企业税务风险管理的重要工具。通过充分利用财税大数据,企业可以更有效地识别、评估和控制税务风险,从而提高税务合规性,降低税务成本,增强企业的竞争力。

4.3.3.1　及时更新税务风险管理理念

企业想要更好地发展,必须在税务风险管理中灵活应用财税大数据。然而,在实践中,一些企业由于不重视税务管理工作,导致税务风险得不到有效控制,进而对企业经济造成一定影响。为了改变这一状况,企业管理人员应以身作则,正确指导财税大数据在税务管理中的运用。他们需要树立牢固的财税大数据理念,通过自身的言行引导工作人员逐渐提高在这方面的思想认知,为企业的持续发展创造更大的经济价值。

在基层推广财税大数据的应用时,应遵循"以数治税"的原则,最大限度激发财税大数据在财税工作中的技术价值。相较于传统税务管理模式,应用财税大数据有利于优化企业资源配置、整合企业各项资源,从而提高企业的税务风险管理水平。更新税务风险管理理念并非一蹴而就,而是一个需要逐步引导的过程。企业需要创造一个良性的财税大数据环境,帮助工作人员转变固化思维,为税务风险管理能力的提高奠定良好基础。这包括加强内部培训,提高员工对财税大数据的认知和理解,以及鼓励员工在实践中不断探索和创新,将财税大数据更好地融入税务风险管理工作中。

4.3.3.2　优化税务风险管理制度

优化税务风险管理制度是推进税务风险管理工作新进程的关键。企业需要建立完善的税务风险管理制度,并确保其贯彻实施落实到位。同时,应加大财税大数据在税务管理工作中的应用力度,以推进税务管理预期目标的实现。为了不断深化研究税务风险管理制度,企业可以提高识别税务风险的敏感度,并合理制订未来发展规划,进一步促进风险管控机制的成型。

完善的税务风险管理体系有助于实时掌握动态风险的监测,一旦发现异常及时反馈,从而大大提高企业处理税务风险问题的能力。此外,企业应结合自身发展规划,将税务风险管理与财税大数据技术进行有效融合,实现企业发展与治理的相互渗透。在税务风险管理过程中,引入云税务数据采集方式可以提高税务信息交互、共享的能力,使税务风险管理工作更加高效、准确。

4.3.3.3　财税大数据在税务风险评估中的应用

在企业内部管理中,财税大数据技术的应用范围广泛,尤其在税务风险评估中发挥着重要作用。通过采用财税大数据进行高复盘逆向分析诊断,企业可以多维度分析、识别税务风险指标,并在短时间内明确税务风险等级。这主要通过逆向分析的方法来判断企业的涉税信息,并及时反馈给相关部门,以便制定针对性策略。

为了充分发挥财税大数据技术的应用价值,企业需要强化数据采集源头的把控力度。首先,结合自身发展情况,制定可行性高的风险库管理方案。利用监控扫描风险点,明确风险后及时反馈、评价风险点,做到有重点、有针对性地攻克税务风险问题。其次,培养一批专业性、技能性的税务风险评估人员,提高企业整体的评估水平,从而达到提高税务风险管理工作效率的目的。这些评估人员应具备丰富的税务知识和数据分析能力,能够熟练运用财税大数据技术进行风险评估和预测。

4.3.3.4　财税大数据在税务筹划中的应用

在税务筹划中应用财税大数据技术,可以对各个风险点进行有效的分析与控制,使税务管理达到标准化、科学化筹划。在实施税务筹划过程中,为了实时监控企业税务风险,管理人员应将财税大数据技术引入涉税风险分析模型中,提高企业监测税务风险的实效性。通过不断深化创新企业经营模式,企业可以实现全方位监控税务风险的目的。

税务筹划应引起企业的高度重视。在进行税务风险管理中,质量较高的税务师能够合理利用国家税收政策,并不断研究优惠政策的应用价值。这不仅可以降低企业税务负担,还有利于规避企业的税务风险。同时,税务筹划应当是一项动态的工作。科学的税务筹划工作不是一成不变的,而是应伴随税收政策、税率等变化做相应调整。应用财税大数据技术能够确保每期的纳税指标均在可控范围内,从而确保税务筹划的有效性和合规性。此外,严守税务指标是操作税务筹划平台的前提条件。只有从根本上控制税务风险问题,税务筹划的高效性才得以彰显。

4.3.3.5　财税改革背景下人员综合素质的提升

在市场竞争愈发激烈的21世纪,企业竞争归根结底是人才竞争。因此,在未来发展中,企业应重视全体工作人员的综合素质和业务能力的全面发展。合格的税务工作人员需要能够识别税务固有风险,并具备数据分析、处理的能力。他们不仅要全面掌握财税大数据的应用,还要储备大量的税务知识与法律知识,同时能够逐步制订防治措施来应对潜在的税务风险。税务师除了不断深化税务知识优化架构外,还要积极推进财税大数据应用技巧的学习和实践。他们应充分发挥财税大数据的应用价值,使员工能够全面掌握税务管理概念及最新税务资讯,为后期开展营业税业务奠定良好的基础。优秀人才是企业发展的助推器。在激烈的竞争市场中,企业应重视人才库的建设和管理,逐步制订有针对性、可行性高的教育培训计划。具体来说,企业应优化管理人员结构,明确内部各项业务的轻重缓急,强调税务风险管理与企业发展战略齐头并进的重要性。企业应着手于财税大数据在税务管理中的成效评估,设立专门的税务管理小组或部门来监督管理税务人员履行的具体职责。此外,基于新形势下财税大数据技术对税务管理工作的重要性,企业应结合未来发展方向和目标,公开招聘电子信息技术人才。这些技术人才除了具备应用大数据的能力外,还要积极学习与本行业相关的核心知识,实现输血式人才引进和造血式人才引进的双重平衡。通过不断加强人才队伍建设和管理,企业可以提高整体税务风险管理水平,为自身的持续健康发展提供有力保障。

第 5 章

智能化财税体系的构建

智能化是财税管理发展的必然趋势。本章将介绍智能化财税体系的概念与特点,阐述其建设步骤与方法,并通过案例分析展示智能化财税体系在企业管理中的实际应用效果,为财税管理智能化升级提供借鉴。

5.1 智能化财税体系的概念与特点

智能化财税体系是一个融合了先进信息技术,旨在提高财税管理效率、降低成本、提升决策准确性的新型财税管理模式。它代表了财税管理领域的革新与发展,将传统的人工操作转变为智能化、自动化的处理流程,极大地提升了财税管理的科学性和高效性。

5.1.1 智能化财税体系的概念

智能化财税体系是指利用人工智能、大数据、云计算等新技术手段,通过自动化、智能化的财税管理方法,实现财税业务的智能化处理、数据分析和决策支持。这一体系将会计的记账、核算等基础工作交由智能化记账软件操作,不仅减轻了财务人员的工作负担,还提高了工作的准确性和效率。同时,它实现了业务、财务、税务的有机融合,使得企业的财税管理更加协同、高效。智能化财税体系的建立,推动了企业的财税管理向高效、精准、智能的方向发展,为企业的可持续发展提供了有力的支持。

5.1.2   智能化财税体系的特点

5.1.2.1   自动化处理

　　智能化财税体系的自动化处理特点主要体现在记账与核算以及税务申报两个方面。在记账与核算方面,智能化财税体系通过智能化记账软件,实现了自动记账、自动核算等基础工作。例如,智能票据功能支持多方式取票,如扫码录票、税盘取票、拍照识票、批量上传等。这些功能大大节省了财务人员的时间和精力,使得他们能够将更多的精力投入更高层次的财税管理工作中。在税务申报方面,系统可以自动提取税基数据,生成各个税种的纳税申报表,并支持一键申报。这一功能不仅提高了税务申报的效率,还减少了人工申报的操作风险,确保了申报的准确性和及时性。

5.1.2.2   智能化分析与决策支持

　　智能化财税体系具备强大的数据深度分析和预测性管理能力。在数据深度分析方面,智能化财税体系利用大数据和人工智能技术,对财税数据进行深度挖掘和分析,发现潜在的规律和关联。这些分析结果可以为企业决策提供有力的数据支持,帮助企业更好地把握市场动态和发展趋势。例如,通过智能财税一体化管理平台,企业可以对财务、业务和税务数据进行智能分析和挖掘,从而为企业的战略规划、风险管理等提供有力依据。在预测性管理方面,智能化财税体系不限于对历史数据的分析,还能通过机器学习等技术,对未来的财税趋势进行预测。这一功能可以帮助企业提前规划,规避潜在风险,确保企业的稳健发展。

5.1.2.3   高效性与准确性

　　智能化财税体系在高效性与准确性方面表现出色。在提高工作效率方面,智能化财税体系通过自动化处理流程,显著提高了财税工作的效率。例如,智能票据处理、自动记账、自动报税等操作都大大节省了财务人员的时间和精力。这些自动化功能的实现,使得财税管理工作更加高效、便捷。在降低错误率方面,智能化财税体系借助 AI 技术,可以自动判断、修正和补全核算、业务、凭证等方面的错误。这一功能不仅提高了财税工作的准确性,还减少了因人为错误而带来的潜在风险。例如,智能财税系统能自动查验发票的真伪和是否重复,自动识别红票、废票,并对票据进行自动分类和价税分离,从而确保了财税数据的准确性和完整性。

5.1.2.4　多方链接与数据共享

智能化财税体系具备多方链接与数据共享的能力,这一特点使得企业的财税管理更加协同、高效。在与银行、支付机构等第三方实现数据对接方面,智能化财税体系可以方便企业进行财务管理和分析。例如,通过税企直连通道,企业可以直接进行纳税申报,回传申报状态及结果,实现全国、全税种、一个系统内批量自动申报。这一功能不仅提高了纳税申报的效率,还确保了申报的准确性和及时性。在实现业财税一体化方面,智能化财税体系可以打通业务、财务及税务壁垒,覆盖发票开具、交付、接收、报销、入账、归档等全生命周期管理。通过实现业务数据、财务数据和发票数据的一体化管控,企业可以更加全面地了解自身的经营状况和发展趋势,为企业的决策提供有力的支持。

5.1.2.5　灵活性与可扩展性

智能化财税体系在设计时充分考虑了信息系统未来的发展空间,因此具备极高的灵活性与可扩展性。在可集成、可兼容、可更新方面,智能化财税体系采用开放式的架构设计,可以与其他系统进行集成,兼容不同的数据格式,并支持后续的更新和升级。这一特点使得智能化财税体系能够适应企业不断发展变化的需求,为企业的长远发展提供有力的支持。在适应企业不同需求方面,智能化财税体系提供了多种版本和功能模块,可以满足不同规模、不同行业企业的财税管理需求。无论是中小企业还是大型企业,都可以根据自身的需求选择适合的智能化财税体系版本和功能模块,实现财税管理的定制化服务。

5.1.2.6　安全性与稳定性

智能化财税体系在安全性与稳定性方面也有着出色的表现。在数据安全保障方面,智能化财税体系通过云计算、区块链等技术手段,实现对财税数据的安全存储和共享。这些技术确保了数据的安全性和隐私性,防止数据被非法获取或篡改。同时,智能化财税体系还采用了严格的数据访问控制机制,只有经过授权的人员才能访问相关数据,进一步保障了数据的安全性。在系统稳定运行方面,智能化财税体系采用高可用性的架构设计,确保系统能够稳定运行。即使出现硬件故障或网络中断等情况,系统也能够迅速切换到备用设备或网络,确保财税管理工作的连续性和稳定性。这一特点使得企业可以更加放心地使用智能化财税体系进行财税管理,为企业的稳健发展提供有力的保障。

5.2 智能化财税体系的建设步骤

智能化财税体系的建设,不仅涉及技术的引入和应用,还包括流程的优化、人员的培训以及整个管理体系的升级,见表5-1。

表5-1 智能化财税体系的建设步骤

阶段	步骤	具体操作内容
明确目标与规划	确立建设目标	深入分析当前财务管理和税务处理状况,识别问题和瓶颈,设定具体建设目标(如提高数据处理效率、降低税务风险、支持精准财务决策)
	制订建设规划	综合考虑时间、预算和人员配置,制订详细时间表,评估系统采购、定制开发、人员培训费用,明确各阶段所需专业人员及其职责,考虑系统未来发展空间
系统选型与评估	选择适合的系统	根据企业规模、业务特征及管理需求,选择功能全面、性能稳定的综合性财税管理系统或性价比高、易于部署和使用的财税管理软件
	评估现有系统	对现有系统进行性能、稳定性、可扩展性评估,确保满足企业当前和未来的业务需求
系统实施与集成	系统安装与配置	进行环境准备,安装系统软件,导入现有财务数据,进行系统初始化设置和配置,详细步骤包括:环境准备—系统软件安装—数据导入—系统配置
	数据集成与迁移	采用合适的数据接口和通信协议,建立数据集成规范,采用合适的数据迁移工具,制订详细的数据迁移计划,进行数据备份和验证,确保数据准确性和完整性

续表 5-1

阶段	步骤	具体操作内容
功能开发与系统测试	功能开发	根据企业业务需求,进行二次开发或定制开发,优化现有流程,引入自动化、智能化技术
	系统测试	进行功能测试、性能测试、安全测试,确保系统稳定性和安全性
培训与上线	人员培训	对财务人员、IT 人员及其他部门员工进行定制化培训,提升员工的系统熟悉度和操作能力
	系统上线	制订上线计划,包括上线时间、数据迁移方案、应急响应预案,设立监控和支持团队,收集用户反馈
持续优化与升级	数据监控与分析	实时跟踪关键性能指标,进行深度数据分析,为决策提供支持,建立定期报告机制
	系统升级与优化	根据数据监控和分析结果及企业需求变化,进行系统升级和优化,包括添加新功能、改进流程、提升性能、增强安全性
风险管理与合规性管理	风险管理	关注并管理数据泄露风险、操作风险、税务风险,实施风险管理措施
	合规性管理	确保系统建设和运行符合相关法律法规及税务要求,定期进行内部审计和外部审计

5.2.1　明确目标与规划

在智能化财税体系建设的初期,明确目标与规划是至关重要的。

确立建设目标时,企业需深入分析其当前的财务管理和税务处理状况,识别存在的问题和瓶颈。例如,企业可能面临手动处理大量财务数据导致的效率低下问题,或者面临由于税务法规频繁变动而难以准确合规申报的困境。基于这些分析,企业可以设定具体的建设目标,如通过自动化工具提高数据处理效率,利用智能算法降低税务风险,或者通过数据分析支持更精准的财务决策。这些目标不仅指导了技术选型的方向,也为后续的流程优化和人员培训提供了明确的指引。

制订建设规划时,企业需要综合考虑时间、预算和人员配置等多个维度。时间表应详细列出各个阶段的任务和预期完成时间,确保项目按计划推进。预算规划则需充分评估系统采购、定制开发、人员培训等方面的费用,确保项目在可控的成本范围内进行。人员配置方面,需明确各阶段所需的专业人员及其职责,确保项目团队具备足够的技能和经验来应对各种挑战。此外,规划还需考虑系统的未来发展空间,确保所选系统能够随着企业业务的发展和技术的进步而不断升级和扩展。

5.2.2　系统选型与评估

系统选型与评估是智能化财税体系建设的核心环节之一。

选择适合的系统时,企业需根据自身规模、业务特征及管理需求进行综合考虑。对于大型企业而言,由于其业务复杂、数据量庞大,可能需要选择功能全面、性能稳定的综合性财税管理系统。这些系统通常具备强大的数据处理能力、完善的税务管理功能和丰富的决策支持工具,能够满足大型企业复杂多变的财务管理需求。对于中小型企业而言,由于其资源有限、业务相对简单,可能更倾向于选择性价比高、易于部署和使用的财税管理软件。这些软件通常具备基本的财务管理和税务申报功能,能够帮助中小型企业提高工作效率、降低运营成本。

在现有系统评估方面,如果企业已经有一定的信息化基础,那么对现有系统进行全面评估是必要的。评估内容应包括系统的性能、稳定性、可扩展性等多个方面。性能评估主要关注系统的处理速度、响应时间和资源占用情况,确保系统能够满足企业当前和未来的业务需求。稳定性评估则通过长时间运行测试、压力测试等方式来验证系统的可靠性和耐用性,确保系统能够在各种环境下稳定运行。可扩展性评估则考虑系统是否支持模块化设计、是否易于集成其他系统或工具等因素,确保系统能够随着企业业务的发展和技术的进步而不断升级和扩展。

5.2.3　系统实施与集成

系统实施与集成是智能化财税体系建设的关键阶段,它直接关系到系统能否顺利上线并发挥预期效果。

5.2.3.1　系统安装与配置

在系统安装与配置方面,企业需要根据所选系统的具体要求进行安装和配置工作。这包括安装客户端软件、设置基本信息(如公司名称、账套信息等)、导入现有财务数据等步骤。在安装过程中,企业需要确保所有硬件和软件环境满足系统的运行要求,避免因环境不兼容而导致的问题。在设置基本信息时,企业需要准确无误地输入相关信息,以确保系统的正常运行和数据的准确性。在导入现有财务数据时,企业需要采用合适的数据迁移工具和方法,确保数据的完整性和一致性。

系统安装与配置是智能化财税体系建设的基石,其详细步骤如下:

第一,进行环境准备。这包括检查并确认服务器的硬件配置满足系统要求,如 CPU、内存等;安装并配置好操作系统,确保其与所选系统兼容;安装必要的数据库软件,并设置好数据库实例和用户权限。

第二,进行系统软件安装。根据所选系统的安装指南,下载并安装系统客户端软件。在安装过程中,需注意选择正确的安装路径和组件,避免不必要的冗余安装。安装完成后,进行系统初始化设置,如设置公司名称、账套信息、会计期间等基本参数。

第三,进行数据导入。将现有的财务数据,如科目余额、账簿记录、凭证等,按照系统要求的格式进行整理和转换。利用系统提供的数据导入工具或脚本,将整理好的数据导入系统中。导入过程中,需密切关注数据校验和错误提示,确保数据的准确性和完整性。

第四,进行系统配置。根据企业的实际业务需求和管理流程,对系统进行相应的配置。如设置会计科目体系、账簿格式、报表样式等;配置凭证审核流程、账务处理规则等;设置用户角色和权限,确保每个用户只能访问和操作其权限范围内的数据和功能。

5.2.3.2　数据集成与迁移

数据集成与迁移是智能化财税体系建设中的重要环节。由于智能化财税体系需要与企业的其他系统进行数据交互,如 ERP 系统、CRM 系统等,因此数据集成与迁移工作是必要的。在数据集成方面,企业需要采用合适的数据接口和通信协议,确保各个系统之间的数据能够顺畅地传输和交换。在数据迁移方面,企业需要制订详细的数据迁移计划。在系统实施与集成过程中,企业还需要关注系统的安全性和可靠性。这包括采用合适的加密技术和访问控制机制来保护系统的数据安全和隐私;建立完善的备份和恢复机制来应对可能发生的系统故障或数据丢失情况;以及进行充分的测试工作来验证系统的功能和性能是否满足预期要求。

数据集成与迁移是智能化财税体系建设中不可或缺的一环,为确保其顺利进行,需采取以下保障措施:

一是建立数据集成规范。制定统一的数据格式和交换标准,确保各个系统之间的数据能够准确、无误地进行传输和交换。同时,明确数据集成的频率、方式、范围等要素,确保数据集成的及时性和有效性。

二是采用合适的数据迁移工具。选择成熟、稳定的数据迁移工具,如ETL(Extract-Transform-Load)工具等,来提高数据迁移的效率和准确性。这些工具通常具备数据抽取、转换、加载等全方位的功能,能够满足复杂的数据迁移需求。

三是制订详细的数据迁移计划。在数据迁移前,制订详细的数据迁移计划,包括迁移的时间节点、迁移的顺序、迁移的方式等。同时,对迁移过程中可能出现的风险进行预测和评估,并制订相应的应对措施。

四是进行数据备份和验证。在数据迁移前,对现有数据进行全面备份,以防止数据丢失或损坏。迁移完成后,对迁移后的数据进行验证和比对,确保数据的准确性和完整性。如发现数据异常或错误,需及时进行纠正和处理。

5.2.4 功能开发与系统测试

5.2.4.1 功能开发

功能开发是智能化财税体系定制化过程中的核心环节,旨在根据企业的具体业务需求,对系统进行二次开发或定制开发,以满足其独特的运营和管理需求。这一过程首先需要对企业的业务流程、财务规则、税务政策以及管理需求进行全面而深入的分析。基于这些分析结果,开发团队会设计并添加特定的功能模块,这些模块可能涵盖财务管理、税务筹划、成本控制、预算管理、报表生成等多个方面。例如,针对跨国企业,可能需要开发支持多币种核算和国际税务规则的功能模块;而对于电商企业,则可能需要集成订单管理、库存管理与财务系统的无缝对接功能。此外,功能开发还包括对现有流程的优化,通过引入自动化、智能化技术,如人工智能算法、机器学习模型等,来提高处理效率,减少人为错误。例如,通过 AI 技术自动识别和分类发票信息,减少手动输入的工作量,同时提高数据的准确性。在开发过程中,采用敏捷开发方法,可以快速响应需求变化,通过迭代开发,逐步完善系统功能,确保开发出的系统既符合企业当前的需求,又具备一定的灵活性和可扩展性,以适应未来业务的发展。

5.2.4.2　系统测试

在系统上线前,进行全面的测试工作是确保系统稳定性和安全性的关键步骤。测试工作通常包括功能测试、性能测试、安全测试等多个维度。

功能测试旨在验证系统的各项功能是否按照设计要求正常工作,包括每个模块的输入、输出是否准确,业务流程是否能够顺畅执行等。这要求测试团队根据功能需求文档,设计详细的测试用例,覆盖所有可能的使用场景,确保功能的完整性和准确性。

性能测试则关注系统在高负载条件下的表现,包括响应时间、吞吐量、资源利用率等指标。通过模拟大量用户同时操作或处理大量数据,可以评估系统的承载能力和稳定性,确保在实际应用中不会因为数据量激增或用户访问高峰而导致系统崩溃或性能下降。性能测试还帮助识别潜在的性能瓶颈,为系统优化提供依据。

安全测试是确保系统数据安全和隐私保护的重要环节。它包括检查系统的身份验证机制、数据加密技术、访问控制策略等,以防止未经授权的访问和数据泄露。此外,还需要进行渗透测试,模拟黑客攻击,查找系统可能存在的安全漏洞,并及时修复,确保系统的安全性和合规性。通过这一系列严格的测试流程,可以最大限度地减少系统上线后的风险,保证系统的稳定运行。

5.2.5　培训与上线

5.2.5.1　人员培训

在系统正式上线前,对相关人员进行充分的培训是确保系统顺利运行并充分发挥其效能的关键。培训对象主要包括财务人员、IT 人员以及可能涉及系统操作的其他部门员工。培训内容需根据各岗位的职责和需求进行定制,确保每位员工都能掌握与其工作相关的系统功能和操作流程。对于财务人员,培训重点在于系统的财务管理功能,如账务处理、报表编制、税务申报等,以及如何利用系统提高工作效率和准确性。IT 人员则需要深入了解系统的技术架构、维护管理、数据备份与恢复等,以便在系统出现问题时能够迅速定位并解决。同时,对于所有用户,都应进行基本的系统操作培训,包括登录、导航、数据输入与查询等,以及故障处理的基本方法,如识别常见错误提示、联系技术支持的途径等。培训方式可以多样化,包括线上视频教程、现场实操演示、模拟练习等,以满足不同的学习需求。通过培训,不仅提升员工对系统的熟悉度和操作能力,还能增强其对智能化财税体系价值的认识,促进系统的有效应用和持续优化。

5.2.5.2　系统上线

经过全面的测试和人员培训后,系统可以进入正式上线运行阶段。上线前,需制订详细的上线计划,包括上线时间、数据迁移方案、应急响应预案等,确保上线过程的平稳过渡。数据迁移是上线过程中的关键步骤,需确保原有数据准确无误地迁移至新系统,同时保持数据的完整性和一致性。在上线初期,应设立专门的监控和支持团队,密切关注系统的运行情况,包括系统性能、用户反馈、异常报警等。通过建立快速响应机制,对于上线初期可能出现的问题,如操作错误、系统兼容性问题、数据异常等,能够迅速识别、分析并采取措施解决,减少对业务运营的影响。上线初期也是收集用户反馈、评估系统实际表现的重要时期。通过用户调研、问题追踪等方式,收集关于系统易用性、功能满足度、性能表现等方面的反馈,为后续的系统优化和升级提供依据。同时,保持与用户的良好沟通,及时解答疑问,增强用户对系统的信心和接受度,是确保系统成功上线的关键。

5.2.6　持续优化与升级

5.2.6.1　数据监控与分析

　　系统上线后,企业需要对财务数据进行持续监控和分析,这是评估系统运行效果、发现潜在问题以及识别改进空间的重要手段。数据监控涉及实时跟踪系统的关键性能指标,如处理速度、错误率、用户活跃度等,以及财务数据的准确性、完整性检验。通过设立监控仪表盘,可以直观地展示这些指标的变化趋势,帮助管理层快速了解系统的运行状态。

　　数据分析则更进一步深入,利用统计学方法、数据挖掘技术、商业智能工具等,对收集到的数据进行深度剖析。分析内容可能包括成本效益分析、预算执行情况追踪、税务筹划效果评估、财务风险预警等。通过数据分析,企业可以发现业务流程中的瓶颈、识别成本节约的机会、优化税务策略,以及预测未来的财务趋势,为决策提供支持。同时,数据监控与分析也是合规性管理的一部分,确保财务数据的准确性和透明度,满足内外部审计要求。通过建立定期报告机制,如月度、季度财务报告,以及即时的异常报告,可以确保管理层和相关监管机构及时了解企业的财务状况,维护企业的信誉和合规性。

5.2.6.2　系统升级与优化

　　根据数据监控和分析的结果,以及企业实际需求的变化,系统可能需要进行定期的升级和优化工作。升级内容可能包括添加新功能、改进现有流程、提升系统性能、增强安全性等。新功能的添加通常基于业务发展的新需求,如支持新的会计准则、集成新的支付渠道、增加多语言支持等,以保持系统的与时俱进。流程改进则侧重于提高工作效率和用户体验,通过简化操作步骤、优化界面设计、引入自动化工具等方式,减少用户的工作负担,提升满意度。系统性能的提升可能涉及硬件升级、软件架构优化、数据库调优等技术手段,以应对数据量增长和用户访问量的增加,确保系统的响应速度和稳定性。安全性增强是持续优化的重要方面,包括更新安全协议、加强身份验证机制、定期进行安全审计和漏洞扫描,以防范数据泄露、网络攻击等风险。升级与优化过程应遵循严格的项目管理流程,包括需求分析、设计、开发、测试、部署等阶段,确保每次变更都能平稳过渡,不对业务运营造成负面影响。

5.2.7　风险管理与合规性管理

5.2.7.1　风险管理

在智能化财税体系的建设和运行过程中,风险管理是确保系统安全性和稳定性的关键环节。企业需要关注并管理多种风险,包括数据泄露风险、操作风险、税务风险等。数据泄露风险是首要关注点,随着财务数据的数字化存储和传输,保护数据免受未经授权的访问和泄露至关重要。为此,企业应实施严格的数据访问控制策略,采用加密技术保护数据传输和存储,定期进行安全审计,以及建立数据泄露应急响应计划。操作风险涉及人为错误、系统故障或外部事件导致的损失可能性。通过实施标准化操作流程、提供充分的员工培训、采用自动化和智能化技术以减少人为干预,以及建立有效的故障检测和恢复机制,可以降低操作风险。此外,建立风险监测和预警系统,能够实时识别潜在风险,及时采取措施防止风险事件的发生或减轻其影响。税务风险则与税务法规的遵守、税务筹划的合理性密切相关。智能化财税体系应内置税务合规性检查机制,自动验证税务申报的准确性,并提醒潜在的税务风险点。同时,企业应保持对税法变动的关注,及时更新系统,确保税务处理的合规性。

5.2.7.2　合规性管理

确保智能化财税体系的建设和运行符合相关法律法规及税务要求,是企业合规性管理的核心。这要求企业在系统设计之初,就充分考虑税务法规的要求,如税务申报的格式、期限、内容等,确保系统能够自动生成符合规定的税务报表和文件。在发票管理方面,系统应支持电子发票的开具、存储、查询和验证,确保发票的合规性和可追溯性。此外,合规性管理还涉及数据隐私保护法规的遵守,如个人信息保护法(不同国家或地区可能有所不同),确保个人财务信息的收集、处理、存储和传输符合法律要求。企业应建立数据保护政策,明确数据处理的合法基础、数据主体的权利、数据跨境传输的规则等,并通过技术手段,如数据脱敏、匿名化处理等,保护个人隐私。

定期进行内部审计和外部审计,是验证系统合规性的重要手段。内部审计由企业内部审计部门执行,旨在评估系统的内部控制有效性、财务数据的准确性和完整性。外部审计则由第三方审计机构进行,通常是为了满足监管机构或投资者的要求,提供独立的合规性证明。通过持续的合规性管理,企业不仅能够避免法律风险和财务损失,还能提升企业的信誉和竞争力,为企业的可持续发展奠定坚实基础。

5.3 智能化财税体系在企业管理中的应用案例

随着信息技术的发展,智能化财税体系在企业管理中的应用日益广泛。这种体系通过运用大数据、人工智能、云计算等先进技术,实现了财税管理的智能化、高效化和一体化,为企业的可持续发展提供了有力支持。

5.3.1 智能化财税体系的核心技术:RPA 和 OCR

5.3.1.1 RPA:让系统代替人工

随着大数据、人工智能等技术的持续进步,智能机器人的应用领域日益拓展。企业可于业务财务工作中部署机器人流程自动化(Robotics Process Automation,RPA),以替代部分重复且烦琐的常规操作。例如,普华永道的财务机器人能够参与银行对账、月末收款提醒、进销项差额提示及增值税验证等环节,实现全自动化处理,无须人工干预。

1. 认识 RPA

RPA,即机器人流程自动化,是一种技术创新。根据机器人流程自动化和人工智能研究所(IRPAAI)的定义,RPA 指代一种技术应用:它赋予公司员工能力,使其能够配置计算机软件或机器人,以捕获并解释现有应用程序的数据,进而处理交易、操作数据,触发响应,并与其他数字系统进行交互。

RPA 并非具备人类形态的实体机器人,而是一种基于桌面录制的自动化软件,擅长执行大量重复性高、规则明确、逻辑固定的任务。如图 5-1 所示,RPA 能够实现 7 天×24 小时不间断运行,其工作效率高达人工的 15 倍,且错误率几乎为零。RPA 具备强大的控制与管理能力,以及审核功能,能够追踪流程中的每一个步骤,提供自动校验和流程检查服务。此外,机器人的使用范围可根据实际需求灵活调整。因此,RPA 是一种低成本、低风险、高效能的财务流程重塑方案。

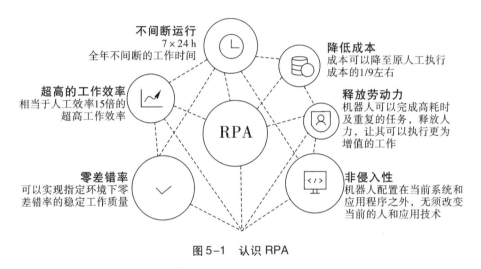

图 5-1　认识 RPA

在企业管理实务中,并不是所有的流程都适用于 RPA 技术。适合被 RPA 技术替代的企业工作一般具有五个特征:①可借助计算机来完成的结构化、可重复的工作任务;②基于规则预定义的工作任务;③多平台、多系统进行的工作任务;④数据查询、收集和更新相关的工作任务;⑤逻辑性强的工作任务。

由此可见,RPA 聚焦的核心在于那些重复性高、业务规则高度标准化、具有明确操作规范的业务流程。正因如此,RPA 在财务业务领域有着广泛的应用空间。财务流程往往包含数十乃至上百个细致入微的小任务,这些任务环环相扣,前一个任务的完成是后一个任务启动的前提,在审核发票时,更需多次复核以规避作业误差。故而,财务工作可充分利用 RPA 技术替代人工,高效地完成那些低附加值的基础性财务作业。目前,RPA 技术最常被应用于单据信息传递、三单匹配、对账结算、发票查验、开票审核等场景。

以应付结算环节为例,一个完整的应付流程通常包括:维护供应商数据、提交采购请求或采购订单、收货确认、接收供应商发票、三单匹配、调整差异、确定付款日期、准备付款、批准付款、执行付款、记账。在这一流程中,绝大多数环节均可借助 RPA 技术来辅助完成。例如,RPA 可协助企业更新供应商信息、创建采购申请、查询物流信息、更新采购计划、发送收货确认提醒、执行三单匹配核对、核对价格、检查付款差异、进行信用检查以及银行对账等。这些环节的自动化处理,将显著提升应付流程的执行效率和质量。

再以对账环节为例,财务人员在期末需投入大量精力核对业务单据和发票,但由于对业务实质缺乏深入了解,对账工作往往烦琐且耗时。应用 RPA 技术后,RPA 可在企业共享中心根据订单状态提取对账清单,与商城平台和商旅平台中的订单进行核对,包括核对状态及金额,核对完成后自动生成相应凭证,整个过程快速便捷,可减轻财务人员 90% 以上的工作量。

RPA 在企业财务共享中心的深入应用,将为企业带来以下六个方面的管理价值:①降低成本,减少人力资本的投入;②将员工从枯燥、烦琐、重复性的工作中解放出来,使其能够从事更具附加值的工作;③RPA 机器人 7 天×24 小时连续工作,可降低高峰期的工作量,提升响应速度,通过缩短服务客户的周期来增加收入;④减少流程执行过程中的时间消耗,提供更快速、更流畅的客户体验;⑤机器人的使用规模可根据需求灵活调整,高峰期增加机器人投放量以提高单据处理量,低峰期减少投放量以降低成本;⑥提高业务财务工作的质量与合规性,使用 RPA 技术可将差错率降低至 0.05%。

2. RPA 是实现智能财务的第一步

在财务管理领域,RPA 技术已基本覆盖财务运营管理的各个方面,如账单管理、报表管理、预算管理、信用管理、税务管理、流程控制等。根据企业流程的规范化、标准化程度不同,RPA 技术的应用范围也会有所差异。然而,RPA 技术仍非真正的智能财务。RPA 的应用基础是明确的传统流程规则,它作为企业现有信息系统的外挂自动化软件,对企业已有的系统、应用和流程不会产生任何影响,只是将原本需要人工操作的部分交由机器代劳。

智能财务的实现基础是机器的自我学习和自我认知能力。智能财务并非仅仅包含一个基于明确规则的自动化机器人,而是综合运用了人工智能的多项最新技术,如图像识别技术、语音识别技术、自然语言处理技术、语义解析技术、规则与流程引擎技术、机器深度学习技术等,为企业提供多场景、全方位的智能财务服务。以实际应用场景为例,真正的智能财务机器人不仅能自动化执行相关操作,如自动生成凭证、自动对账、自动月结、自动付款、自动报税等,还应具备自我学习和自我纠正的能力,通过机器的自我学习不断增强其功能。

从人工智能在企业管理中的应用过程来看,要实现企业财务运营的智能化,需经历业务流程自动化平台、机器人流程自动化、自然语言识别技术、智能/认知计算、模型化业务等多个阶段的发展与沉淀。因此,RPA 技术的深化应用与积累,将是企业实现财务运营智能化的关键所在。

3. A 集团的 RPA 应用案例①

在当今数字化转型的浪潮中,企业对于提高工作效率和降低运营成本的追求日益迫切。RPA 技术作为一种创新的自动化工具,正逐渐在各大企业集团中崭露头角。虽然我国众多大型企业集团已经开始采用 RPA 技术替代人工劳动,提升工作效率,但市场上的 RPA 软件大多是在引进国外技术的基础上进行定制化开发的。这不仅意味着企业需要支付高昂的实施费用,还可能需要根据业务场景的数量交纳额外的版权费和开发平台费,导致落地成本和后期运维成本居高不下。在此背景下,A 集团作为行业内的领军企业,决定走出一条自主创新的道路。2017 年,A 集团成功自主研发出国内首个商用 RPA,并将其率先应用于财务和资金领域,开启了智能化转型的新篇章。

A 集团的 RPA 技术首先被应用于将非直联银行账户交易明细导入资金系统的业务场景。这一创新举措实现了异构系统间的数据传递,极大地提高了数据处理的效率和准确性。据统计,该应用预计节省工作时间 626 小时,显著降低了人工成本,同时提升了财务工作的整体效率。然而,A 集团并

---

① 案例来源:贾小强,郝宇晓,卢闯.财务共享的智能化升级 业财税一体化的深度融合.北京:人民邮电出版社,2022:123–125.

没有止步于此。在 RPA 一期项目取得显著成效后，集团迅速启动了 RPA 二期计划，将 RPA 技术的应用范围拓展至商业智能（Business Intelligence，BI）模块中。Oracle 系统的 BI 模块是 A 集团财务共享中心月结工作的核心环节，涉及 300 余张报表的取数维度配置、表样整理和定式保存。这一工作不仅烦琐且重复性极高，对员工的耐心和细心提出了极高要求。

在未使用 RPA 之前，A 集团财务共享中心的 3 名业务员工和 1 名系统支持员工共同承担着 BI 取数制表的工作。他们面临着诸多痛点：不同报表的数据维度配置各不相同，容易混淆；查找操作手册费时费力；员工需要守在电脑前及时保存生成的报表，否则系统会自动删除长期未保存的报表；工作枯燥乏味，重复性极高。为了解决这些痛点问题，A 集团决定将 RPA 技术部署至 BI 模块中。在这一场景中，RPA 技术展现了其强大的自动化和智能化能力，实现了系统的升级和优化。

一是 RPA 能够读取邮件获得启动命令。只要电脑处于开机状态，一旦提数邮件到达邮箱，RPA 就能自动开始运行，无须人工干预。这一功能极大地提高了工作的灵活性和响应速度。

二是 RPA 能够联动勾选 select 框，完成 BI 取数 300 余张报表的取数维度自动配置。这一创新举措不仅避免了人工配置可能出现的错误，还大大提高了配置的效率。

三是 RPA 还运用了句柄技术和简单的图像识别技术，完成取数页面状态的实时监控。它能够自动确定跑表是否完成，无须人工守候在电脑前。这一功能不仅减轻了员工的工作负担，还提高了工作的准确性和可靠性。

四是 RPA 在后台封装了表格处理函数。导表瞬间即可自动完成表格命名、格式调整和分类保存。这一功能不仅提高了表格处理的效率，还确保了表格的规范性和一致性。

现在，BI 取数制表工作已经完全实现了自动化。RPA 收到启动命令后，会同时打开 15 个 BI 取数页面，联动配置维度后开始跑表。当有表格完成时，机器人会第一时间锁定并执行导出操作，同时补充新的 BI 取数页面进行跑表。导出一步即完成了表格自身的规范处理。如此循环往复，24 小时不间断作业，直至 300 余张取数报表全部生成。

A 集团通过自主研发和应用 RPA 技术,在财务和资金领域取得了显著成效,不仅大大降低了人工成本和工作负担,还提高了工作的效率和准确性。随着 RPA 技术的不断升级和拓展,A 集团的共享系统将变得越来越自动化、智能化。这将进一步推动财务共享中心实现人力解放和财务转型,为集团的可持续发展奠定坚实的基础。未来,A 集团将继续深化 RPA 技术的应用和创新,探索更多业务场景下的自动化解决方案。同时,集团还将加强与国内外优秀企业的交流与合作,共同推动 RPA 技术的普及和发展。相信在不久的将来,A 集团将成为行业内智能化转型的标杆和典范。

5.3.1.2 OCR:让系统会"看"

在企业的日常运营中,员工报销和合同报销业务是财务工作的重要组成部分,每月都会产生上千笔交易。这些报销业务所涉及的发票,最终都会归结到财务共享中心进行处理,给财务人员带来了繁重的工作量。传统的发票处理方式,即手工录入发票信息,不仅效率低下,准确率难以保证,还经常出现发票无法及时处理、无法及时入账的问题。财务人员不得不花费大量时间在这种低附加值的工作上,严重影响了工作效率和准确性。

在传统财务发票信息采集过程中,财务人员需要经历四个烦琐的步骤:首先是人工整理原始财务发票,将各种发票如增值税专用发票、增值税普通发票、汽车销售发票、餐饮发票、火车票等进行归类;其次是扫描财务发票获得影像,将所有发票扫描成图像形式存档,以防止原始发票被误改,方便后期核对;接着是财务人员手工录入发票上的必要信息到系统中,以便进行税务认证和制证工作;最后是凭证审核,这一过程中财务人员需要耗费大量时间录入发票信息,并设置多个步骤反复审核,既耗时又耗力,且极易出错。

然而,在新技术时代,这一切都在发生改变。越来越多的企业开始采用智能财务发票信息采集技术,其中光学字符识别(Optical Character Recognition,OCR)扫描识别技术发挥了关键作用。OCR 技术能够自动对采集扫描后的增值税发票等财务发票上的信息进行文字识别,将图片上的信息识别出来,并输出成 Excel 表格或直接录入财务系统。与传统的人工手动录入数据相比,OCR 技术大大减轻了工作量,显著提高了准确率,使得财务发票信息的处理变得更加高效和准确。

1. 认识 OCR

OCR，全称光学字符识别，是一种能够读取图片、照片上的文字内容，并将其自动转换成可编辑文本的技术。OCR 技术应用的目的是对不可编辑的图像上指定位置的字符进行读取，并将其转换成计算机文字，使识别结果可再使用及分析，从而节省人工使用键盘输入所耗用的人力与时间。在财务领域，OCR 技术的应用尤为广泛，尤其是在财务发票的处理工作中。通过引入 OCR 技术，发票上的财务信息可以被自动录入系统，无须手工录入，这使得共享模式下会计记账信息的自动提取、自动转换和自动记账成为可能。OCR 技术的应用极大地提高了财务发票处理的效率和准确性，减轻了财务人员的工作负担。

下面以费用管理业务为例，详细介绍 OCR 技术的一个应用场景。企业员工在报销时，需要提交报销发票。员工首先用手机对发票进行拍照，并将照片上传至服务器。服务器自动进行 OCR 识别，识别出发票的代码、号码、日期、金额、税额、总额、购方税号、销方税号等关键信息。然后，通过与税务局的接口，获取发票的结构化数据，并自动进行验证。系统会自动识别这张发票的税额和商品金额是否匹配，以及发票数据和结构化数据是否有差异。通过查看发票的影像，可以查出产生问题的原因。这种通过 OCR 方式进行发票自动识别、验真、防重的方法，大大提高了业务处理的自动化程度，使得报销流程更加便利，省去了填写表格等多余环节，提高了报销速度，并有效防止了重复报销的发生。目前，在财务领域，OCR 技术的应用主要分为以下两个模块：

（1）识别确认模块。OCR 影像识别的基础工作为定义识别引擎模板。模板根据位置、识别区域来确定影像中要转换为电子信息的内容，通过标示项由引擎自动定位确定影像区域。在模板定义时，可以对识别内容进行校正，以确保识别的准确性。识别模板可以识别影像文件中的任何内容，包括文字、数字、符号等。在财务发票的处理中，OCR 识别引擎模板会识别发票上的关键信息项，如发票代码、发票号码、发票日期、金额、税额、总额、购方税号、销方税号等。这些识别项在识别完成后，会形成结构化数据，用于后续的认证、记账等流程。通过 OCR 识别确认模块，可以大大提高发票信息的录入效率和准确性,减轻财务人员的工作负担。

(2)记账应用模块。在财务共享中心,可以利用OCR识别结果来提升记账信息的集成度,提高核算记账的效率和质量。共享中心模板会使用OCR识别结果,在初始形成凭证预制信息时,根据OCR识别的结果对行项目中的税行进行预录入。系统会按照识别信息逐行生成"应交税费——增值税"行项目,并写入税额、税码信息,完全替代了人工维护税金行项目的工作。通过记账应用模块,可以实现发票信息的自动录入和记账,大大提高了记账的效率和准确性。同时,由于OCR识别结果的准确性较高,因此可以减少人工审核和修改的工作量,进一步提高财务处理的整体效率。

2.影像系统+OCR:从原始单证中提取结构化数据

企业建立财务共享中心后,面临着集中办公的要求与原始凭证分散产生的矛盾。为了解决这一矛盾,企业会相应地建立影像管理系统,将各地区、各项目产生的原始凭证扫描形成电子文件,传送至财务共享中心进行集中处理。其中,以发票管理最为显著。影像系统与OCR技术的结合,为发票管理带来了革命性的改变。如图5-2所示,OCR技术从影像识别到结果输出,一般需要经过以下五个环节:

影像形成 OCR识别 人工确认 信息记账应用 增票电子认证

图5-2 OCR应用场景流程

(1)影像形成。在财务共享中心的日常运营中,纸质单据发票的处理是一项重要而烦琐的工作。为了提高处理效率,企业通常会将这些纸质单据发票交由共享中心进行扫描。通过专业的扫描设备,纸质单据发票被快速转换成电子影像,并上传至影像系统。这些电子影像不仅便于存储和查询,还能有效防止原始发票的丢失或损毁,为后续的财务处理提供了可靠的数据基础。

(2)OCR识别。在影像系统形成电子影像后,后台会利用OCR技术自动识别这些业务影像。OCR技术首先会对影像进行初步分析,识别出其中的增值税发票,并进行票据类型分类。这一步骤是后续处理的关键,因为不同类型的票据可能需要不同的处理方式。接着，OCR 技术会对增值税发票上的关键记账信息进行识别。这些信息包括但不限于发票代码、发票号码、开票日期、购销双方信息、商品名称、规格型号、数量、单价、金额、税额等。通过高精度的 OCR 识别算法，这些信息能够被准确地从影像中提取出来，并回写至用户确认界面，供财务人员核对。

（3）人工确认。尽管 OCR 技术在识别标准统一的格式化票据（如增值税发票）时表现出了较高的准确率，但在实际财务工作中，由于会计原始凭证的规格和内容多样，OCR 技术还难以全部准确识别。特别是对于一些非标准化的票据或手写字体，OCR 技术的识别准确率可能会受到影响。因此，为了保证数据的准确一致，企业需要安排少量员工对 OCR 识别出的关键信息进行核对。这些员工要具备丰富的财务经验和专业知识，能够迅速准确地判断出 OCR 识别结果是否正确，并进行必要的修正。

（4）信息记账应用。经过人工确认后的影像信息，会被转换成结构化电子数据。这些数据具有明确的字段和格式，便于计算机进行处理和分析。通过与记账系统的自动集成，这些结构化电子数据能够自动生成记账凭证中的科目，大大减少了财务人员手动录入的工作量。这一步骤的实现，不仅提高了记账的效率，还降低了人为错误的风险。因为结构化电子数据的生成和记账过程都是自动化的，减少了人为干预的可能性，从而提高了数据的准确性和可靠性。

（5）增票电子认证。识别后的结构化数据还会被推送至电子认证模块。这一模块与国家税务局电子发票勾选认证系统关联，能够实现记账后发票的自动认证。具体来说，当记账凭证生成后，系统会根据 OCR 识别的发票代码自动从国家税务局的电子发票数据库中查询对应的发票信息，并进行比对。如果比对结果一致，说明该发票是真实有效的，系统会自动完成认证过程。这一步骤的实现，不仅减少了财务人员手动认证的工作量，还提高了认证的效率和准确性。因为自动认证过程是基于结构化电子数据和国家税务局电子发票数据库的实时比对，确保了认证结果的准确性和可靠性。

企业将影像系统和 OCR 技术结合，可带来多方面的好处，具体表现如下：

第一,减少增值税发票核验时间,提高会计核算效率。OCR 识别结果能够自动按照发票类型、税率等维度进行汇总,代替了原有的线下使用计算器或电子表格等手工统计方式。这一改变不仅降低了差错率,还大大提高了会计核算的效率。因为手工统计方式需要财务人员花费大量时间和精力进行数据的整理和汇总,而 OCR 识别技术的自动化处理则能够迅速准确地完成这一工作。

第二,促进共享流程的标准化。通过 OCR 影像和记账系统的结合,企业能够推动会计核算智能化进程。会计核算的专业化再分工使得会计核算流程更加标准化,流程化处理、自动化制证等特点提高了共享中心的工作效率。因为标准化流程能够减少人为干预和主观判断的可能性,从而提高了数据处理的准确性和一致性。

第三,人员结构优化。通过将发票核算自动集成到记账步骤中,企业减少了维护凭证信息的工作量。这一改变不仅降低了手工录入凭证信息出错的可能性,还提高了记账的准确率。因为自动集成过程是基于结构化电子数据的实时处理和分析,所以确保了记账结果的准确性和可靠性。同时,在工作流程上,将 OCR 确认从记账过程中独立出来,实现了非财务人员参与会计核算的可能性。这一改变促进了专业化分工,使得对从事该项工作的员工的技能要求降低,从而间接降低了成本。非财务人员参与会计核算能够减轻财务人员的负担,使得他们能够更加专注于核心财务工作的处理和分析。

3. 机器学习+OCR:提升识别率和识别范围

目前普遍使用的 OCR 识别技术虽然在一定程度上提高了文字识别的准确率,但其对图像的适应性调整和处理过于依赖图像处理算法。这些算法对纸张的摆放位置、拍照的光线环境、扫描仪的精度等有较高要求,很大程度上限制了文字识别准确率的提升。为了克服这些限制,企业开始探索将机器学习技术与 OCR 技术相结合的方法。基于机器学习的 OCR 技术能够通过使用大量被标记的数据进行监督学习,让 OCR 自主优化提升识别准确率的算法。

这种监督学习过程通常包括以下几个步骤:首先,收集大量包含各种类型票据的样本数据,并对这些数据进行标注。标注过程需要人工参与,以确保数据的准确性和可靠性。其次,利用这些标注好的数据进行模型训练。在训练过程中,机器学习算法会不断调整和优化模型参数,以提高 OCR 识别的准确率。在针对同一性质的原始单据进行大量的监督学习训练后,系统的 OCR 识别效果可以显著提高。这种"机器学习+OCR"方法的应用,让机器不再仅能识别"清晰、端正的文字",还能识别"倾斜、相对模糊的文字",并且支持更多的字体。这一进步不仅省去了主流 OCR 技术繁杂的预处理和后处理工作,还将模型训练时间从以月为单位缩短到以天为单位。更重要的是,它将 OCR 技术识别的字准确率提高到 99.9%,行准确率(一行字全部识别正确)从 80% 提高到 98%,实现了跨越式的进步。

这种高准确率的 OCR 识别技术为企业的财务处理带来了更大的便利和效率提升。因为高准确率意味着更少的错误和修正工作,从而减少了财务人员的工作量和时间成本。同时,高准确率还提高了数据的可靠性和准确性,为企业的决策提供了更有力的支持。

5.3.2　智能化财税体系在企业管理中的应用案例

案例一:

中国石油的智能化财务共享服务[①]

中国石油,作为全球能源领域的领军企业,其业务遍布全球,规模庞大,财务管理复杂度极高。面对如此庞大的业务体系和复杂的财务管理需求,中国石油在财务共享体系的建设过程中,紧跟时代步伐,积极引入并融合机器人流程自动化(RPA)、人工智能、大数据、云计算等前沿技术,致力于打造一个智能化、移动化、高效化的财务共享服务平台,以支撑企业的全球化运营和战略发展。

一、财务共享中心的建设与 RPA 技术的应用

在财务共享中心的建设中,中国石油充分发挥了 RPA 技术的优势,通过深入的业务流程分析与优化,实现了财务管理的自动化和智能化。RPA,即

---

① 案例来源:智能财务建设·优秀案例分享.(2024-8-19)[2025-1-16].https://mp.weixin.qq.com/s/xtBp7VztVFhkx6OoUO1W5Q.(有改动)

机器人流程自动化，是一种能够模仿人类操作计算机软件的自动化技术。它通过预先设定的程序，自动执行重复性、规律性的工作，从而解放人力，提高工作效率。

中国石油在财务共享中心成功上线了制证类、审核类、发票认证类、资金支付类、银行回单分拣类、电子会计档案归档类等六大类，共计180个"小铁人"机器人。这些机器人如同财务领域的超级助手，它们能够迅速识别并适应各种复杂的工作场景，有效消除那些冗余、低附加值的作业环节，实现同质业务的专业化、高效化处理。

以发票认证过程为例，传统的发票认证工作往往需要财务人员手动输入发票信息，再与国税系统进行对接，过程烦琐且易出错。而RPA机器人的引入，彻底改变了这一现状。它们能够自动识别发票上的所有关键信息，如发票号码、开票日期、金额、税率、购销方信息等，并自动与国税系统进行对接，实现发票的快速、准确认证和入账。这一过程的自动化，不仅大大提高了发票处理的速度，还有效减少了人为错误，提升了财务管理的准确性和效率。

在资金支付方面，RPA机器人也发挥着重要作用。它们能够自动处理支付指令，根据预设的规则和流程，对支付申请进行审核、审批和支付，确保资金的安全、及时支付。同时，RPA机器人还能够自动核对支付结果与银行账户余额，及时发现并处理支付异常，保障资金的安全性和准确性。

在银行回单分拣方面，RPA机器人能够自动识别和分类银行回单，根据回单的类型、来源、金额等信息，将回单自动归类到相应的账务处理流程中，为后续的账务处理提供准确的数据支持。这一过程的自动化，大大提高了银行回单的处理效率，减少了人工分拣的错误和遗漏。

在电子会计档案归档方面，RPA机器人能够自动将电子会计档案进行归档和存储，根据档案的类型、时间、来源等信息，将档案自动分类、编号和存储到相应的档案库中。同时，RPA机器人还能够自动对档案进行备份和恢复，确保档案的完整性和可追溯性。

二、RPA应用运行框架及开发模式的建立

为了确保RPA机器人的稳定运行和持续优化，中国石油还建立了一套完善的 RPA 应用运行框架及开发模式。这一框架涵盖了操作流程的梳理、审核规则的制定、风险评估的进行、异常处理机制的建立以及系统评估的实施等多个方面。

在操作流程的梳理方面,中国石油对财务共享中心的各项业务流程进行了全面的梳理和优化,明确了各项业务的操作流程、操作规范和操作标准。这为 RPA 机器人的开发和应用提供了清晰的操作指南和依据。

在审核规则的制定方面,中国石油根据财务管理的需求和风险控制的要求,制定了严格的审核规则。这些规则包括了对业务数据的合法性、合规性、准确性等方面的审核要求,确保了 RPA 机器人在处理业务时能够遵循统一的审核标准,提高业务处理的准确性和合规性。

在风险评估的进行方面,中国石油对 RPA 机器人的应用进行了全面的风险评估。通过对机器人处理业务的流程、数据、系统等方面的风险进行识别和分析,制订了相应的风险应对措施和预案,确保了 RPA 机器人的应用能够安全可靠地进行。

在异常处理机制的建立方面,中国石油为 RPA 机器人建立了完善的异常处理机制。当机器人在处理业务时遇到异常情况或错误时,能够自动触发异常处理流程,及时通知相关人员进行处理和纠正,确保了业务处理的连续性和稳定性。

在系统评估的实施方面,中国石油定期对 RPA 机器人的应用效果进行评估和分析。通过对比机器人处理业务的速度、准确性、合规性等方面的指标,对机器人的性能和应用效果进行客观的评价和改进,不断提升机器人的应用水平和效率。

三、RPA 技术带来的财务管理变革与效率提升

RPA 机器人的应用显著提高了中国石油的财务管理效率。据统计,这些机器人的平均处理效率为人工的 20 倍,完成的工作量占比高达 54% 以上。这一数据的背后,是中国石油财务管理模式的深刻变革和效率的飞跃提升。

首先,RPA 机器人的应用使得财务处理流程更加标准化和规范化。通过预先设定的程序和规则,机器人能够按照统一的标准和流程处理业务,避

免了人为操作的主观性和随意性,提高了业务处理的准确性和一致性。

其次,RPA 机器人的应用大大提高了财务处理的速度和效率。机器人能够 24 小时不间断地工作,处理速度远超人工,且不受疲劳、情绪等因素的影响。这使得财务处理流程更加高效和快捷,满足了企业对财务管理时效性的要求。

再次,RPA 机器人的应用降低了财务管理的成本和风险。通过自动化处理业务,减少了对人工的依赖和需求,降低了人力成本和管理成本。同时,机器人能够按照预设的规则和流程处理业务,避免了人为操作的风险和错误,提高了财务管理的安全性和可靠性。

最后,RPA 机器人的应用使得财务人员能够从烦琐的重复性工作中解放出来,将更多的精力和时间投入企业的战略决策和财务管理中来。这使得财务人员能够更加专注于企业的核心业务和发展方向,为企业的持续发展提供有力的支持和保障。

四、智能化财务共享服务的未来展望

随着信息技术的不断发展和创新,智能化财务共享服务将成为未来企业财务管理的重要趋势和方向。中国石油将继续紧跟时代步伐,积极探索和应用新技术、新理念,不断完善和优化智能化财务共享服务平台,为企业的全球化运营和战略发展提供更加高效、便捷、安全的财务管理支持。

未来,中国石油将进一步拓展 RPA 机器人的应用领域和场景,将机器人应用到更多的财务处理流程中,提高财务管理的自动化和智能化水平。同时,中国石油还将加强对 RPA 机器人的管理和监控,确保机器人的稳定运行和持续优化,提高机器人的应用效果和效率。中国石油还将积极探索和应用人工智能、大数据、云计算等新技术,将这些技术与 RPA 机器人相结合,打造更加智能化、高效化的财务共享服务平台。通过人工智能技术的应用,实现对财务数据的智能分析和预测,为企业的战略决策提供更加准确、及时的信息支持;通过大数据技术的应用,实现对财务数据的深度挖掘和利用,为企业的业务发展提供更加精准、个性化的服务;通过云计算技术的应用,实现对财务资源的灵活调度和共享,提高企业的资源利用效率和管理水平。

案例二

蒙牛的智能财务实践①

蒙牛,作为中国乳制品行业的领军企业,其业务遍布全国,财务管理涉及的业务量庞大且流程复杂。为了应对这一挑战,蒙牛积极拥抱数字化转型,将光学字符识别(OCR)、人工智能(AI)、企业绩效管理(BPC)等智能创新技术深度融入财务管理的全流程,从业务起点至报表出具,实现了财务管理的智能化升级,不仅提升了业务处理效率和财务管理的准确性,还显著增强了公司的整体运营效能和竞争力。

一、发票管理的智能化升级

在发票管理方面,蒙牛利用 OCR 技术与国税直联校验技术,实现了发票识别的自动填单。这一创新举措极大地提高了发票处理的效率。传统上,财务人员需要手动输入发票信息,这一过程不仅耗时费力,还容易因为人为因素导致错误。而 OCR 技术的应用,使得发票信息可以自动被识别并填入系统,大大减少了人工干预,提高了处理的准确性和效率。

OCR 技术通过扫描发票上的文字和数字,将其转化为可编辑和可搜索的文本数据,从而实现了发票信息的快速提取。同时,国税直联校验技术确保了识别出的发票信息与国税系统中的数据一致,有效防止了假票、错票和废票的流入。这种双重校验机制大大提高了发票管理的可靠性和合规性。除了自动填单,蒙牛还通过 AI 算法对发票进行智能审核。AI 算法能够根据预设的规则和算法,对发票的合法性、合规性和准确性进行自动判断。错票、假票、废票能够被自动拦截,有效防止了因发票问题导致的财务风险。这种智能审核机制不仅提高了发票处理的效率,还增强了财务管理的安全性和可靠性。

二、业务数据处理的智能化集成

除了发票管理,蒙牛在业务数据处理方面也实现了智能化。公司建立了从消费到收款的同一平台无缝链接的全生态集成系统。这一系统实现了业务数据的实时共享和同步,无论是销售数据、库存数据还是收款数据,都

---

① 案例来源:智能财务建设 · 优秀案例分享. (2024-8-19)[2025-1-16]. https://mp. weixin. qq. com/s/xtBp7VztVFhkx6OoUO1W5Q. (有改动)

能够在这个平台上实时更新。

这种全生态集成系统的建立,打破了传统业务数据处理中的信息孤岛现象,使得各部门之间的数据能够互联互通。销售部门可以实时了解产品的销售情况和市场需求,库存部门可以准确掌握库存量和库存周转情况,财务部门则可以及时收到收款信息和进行账务处理。这种实时共享和同步的机制,不仅提高了业务处理的效率,还为公司的决策提供了有力的数据支持。同时,全生态集成系统还实现了业务数据的自动化处理。例如,销售数据的录入、库存的盘点和收款的确认等都可以由系统自动完成,大大减少了人工干预和错误。这种自动化处理机制不仅提高了数据处理的准确性,还减轻了财务人员的工作负担,使他们能够更多地参与公司的战略决策和财务管理。

三、预算管理的全流程线上自动管理

在预算管理方面,蒙牛引入了BPC系统,实现了预算的全流程线上自动管理。传统上,预算管理往往需要手动编制、审核和调整,过程烦琐且易出错。而BPC系统的应用,使得预算的编制、审核、执行和调整都可以在线上完成。

BPC系统能够根据公司的战略目标和业务需求,自动编制预算计划。预算计划可以细化到各个部门、各个项目和各个时间段,确保了预算的准确性和可行性。同时,BPC系统还能够对预算计划进行审核和调整。审核过程中,系统可以根据预设的规则和算法,对预算计划的合理性、合规性和可行性进行自动判断。如果需要调整预算计划,系统也能够根据实际情况和需求,进行自动调整和优化。除了编制、审核和调整,BPC系统还能够实时监控预算的执行情况。系统可以实时收集和分析各部门的预算执行情况数据,包括预算的实际支出、预算的剩余额度、预算的超支情况等。通过这些数据,公司可以及时了解预算的执行情况和问题,采取相应的措施进行调整和控制。这种实时监控和分析机制,为公司的资源配置和成本控制提供了科学的依据。

四、供应商管理与合同管理的智能化提升

蒙牛还建立了SRM(供应商关系管理)系统和合同平台,进一步提升了

与供应商的合作效率。SRM 系统实现了供应商信息的集中管理,包括供应商的基本信息、合作历史、绩效评估等。

SRM 系统能够自动收集和整理供应商的基本信息,如供应商的名称、地址、联系方式、资质证书等。这些信息可以为公司的供应商选择和管理提供有力的支持。同时,SRM 系统还能够记录和跟踪公司与供应商的合作历史,包括合作的项目、合作的金额、合作的时间等。这些信息可以帮助公司了解供应商的合作情况和信誉状况,为未来的合作提供参考和依据。此外,SRM 系统还能够对供应商进行绩效评估。系统可以根据预设的规则和算法,对供应商的合作质量、合作效率、合作态度等方面进行评估和打分。通过绩效评估,公司可以及时了解供应商的表现和状况,采取相应的措施进行激励或约束。

合同平台的使用,则使得合同的签订、执行和跟踪都可以在线上完成。合同平台提供了合同模板和合同条款库,方便公司快速制定和签订合同。同时,合同平台还能够对合同的执行情况进行实时跟踪和监控,确保合同的履行和合规。如果需要修改或终止合同,合同平台也能够提供相应的功能和支持。

五、增值税发票管理的全流程智能化连接

值得一提的是,蒙牛还建立了 VAT 增值税发票管理平台,并与税局系统实现了对接。通过 OCR 技术,蒙牛实现了发票的全流程智能化连接。

VAT 增值税发票管理平台能够自动收集和整理增值税发票的信息,包括发票的开具、传递、报销和入账等各个环节。通过 OCR 技术,平台可以自动识别发票上的文字和数字信息,将其转化为可编辑和可搜索的文本数据。这些数据可以与税局系统进行对接和校验,确保发票的合法性和合规性。同时,VAT 增值税发票管理平台还能够实现发票的自动报销和入账。平台可以根据预设的规则和算法,对发票的报销金额、报销类别和报销人等信息进行自动判断和处理。报销完成后,平台还可以自动将发票信息录入财务系统中,进行账务处理和报表生成。这种全流程智能化连接的机制,大大缩短了业务处理时间,提高了处理的准确性和可靠性。同时,它还减轻了财务人员的工作负担,使他们能够更多地参与公司的战略决策和财务管理。

六、智能财务实践的效果与展望

蒙牛的智能财务实践取得了显著的效果。据统计,智能财务的实施给业务提效达70%。共享中心直接对接2000多家供应商开展日常业务,包括供应商的票据和对账都可以在线上可视,大大方便了与供应商的合作和交流。

预算的全流程线上自动管理也使得蒙牛能够更加科学地进行资源配置和成本控制。通过BPC系统的实时监控和分析,蒙牛可以及时调整预算方案,确保资源的合理利用和成本的有效控制。这一举措不仅提高了公司的运营效率,还为公司的可持续发展奠定了坚实的基础。

未来,蒙牛将继续深化智能财务的实践和探索。公司将进一步拓展智能技术的应用场景和范围,将更多的业务流程和环节纳入智能化管理的范畴。同时,公司还将加强与其他企业的合作和交流,共同推动智能财务的发展和创新。此外,蒙牛还将注重智能财务人才的培养和引进。公司将加大对财务人员的培训和教育力度,提高他们的智能化素养和技能水平。同时,公司还将积极引进具有智能化背景和经验的财务人才,为公司的智能财务实践提供有力的人才保障。

案例三

云南烟草商业的智能财务建设①

云南烟草商业,作为烟草行业的领军企业,其业务规模庞大,财务管理复杂且多变,面临着诸多挑战。在快速变化的市场环境中,传统的财务管理方式已难以满足企业对效率、准确性和风险防控的高要求。为了提升财务管理效率,增强风险防控能力,云南烟草商业紧跟时代步伐,以智能财务为引擎,竞逐"数字"赛道,勇攀"智能"云端,致力于打造一个高效、智能、数字化的财务管理体系,为企业的稳健发展和持续创新提供坚实支撑。

2019年1月,云南烟草商业正式启动了智能财务建设项目,这标志着其在财务管理领域的数字化转型迈出了坚实的一步。智能财务平台的建设以

---

①　案例来源:智能财务建设·优秀案例分享.(2024-8-19)[2025-1-16].https://mp.weixin.qq.com/s/xtBp7VztVFhkx6OoUO1W5Q.(有改动)

"自动化、智能化、数字化"为明确方向,旨在通过先进的信息技术手段,全面提升财务管理的效率和准确性,为企业的可持续发展奠定坚实的基础。这一项目的启动,不仅是对传统财务管理模式的一次革新,更是对云南烟草商业未来发展战略的一次重要布局。

在智能财务平台的建设过程中,云南烟草商业充分考虑了财务管理的全面性和系统性,以科学、严谨的态度,开发了财务会计、管理会计、财务共享三个方面的 16 个工作台。这些工作台涵盖了财务管理的各个环节,从基础的会计核算到高级的管理分析,形成了完整、闭环的财务管理体系,确保了财务管理的全面性和系统性。

在财务会计方面,智能财务平台通过自动化、智能化的技术手段,实现了财务数据的实时采集、处理和分析。传统的账务处理往往需要大量的人力投入,且容易出错。而智能财务平台通过自动化技术,可以自动完成日常的账务处理,如凭证录入、账目核对等,大大提高了财务工作的效率。同时,在月末、年末等财务报表编制的关键时期,平台也能够自动完成报表的编制和审核,确保了报表的准确性和及时性。此外,平台还支持对财务数据的深度挖掘和分析,通过数据挖掘算法和统计分析模型,对财务数据进行多维度、多角度的分析,为企业的决策提供有力的数据支持。

在管理会计方面,智能财务平台注重将财务管理与企业的业务运营紧密结合,通过数据分析、模型预测等手段,为企业的战略决策提供科学依据。平台可以实时跟踪企业的成本、利润、现金流等关键指标,通过可视化的仪表盘和报表,直观地展示企业的财务状况和经营成果。同时,平台还利用先进的数据分析算法和预测模型,对企业的未来发展趋势进行预测和分析,帮助企业及时发现潜在的风险和问题,为企业的稳健发展提供有力保障。此外,智能财务平台还支持成本管理和预算管理等功能,通过自动化的成本计算和预算编制,提高了成本管理的精细化和预算执行的准确性。

在财务共享方面,智能财务平台打破了传统财务管理的部门壁垒,实现了财务数据的实时共享和同步。在传统的财务管理模式下,财务数据往往分散在各个部门和系统中,难以实现实时共享和同步。而智能财务平台通过统一的数据接口和标准化的数据格式,实现了财务数据的集中存储和管理。无论是企业内部的各个部门,还是与外部的合作伙伴,都可以通过平台获取所需的财务数据,大大提高了数据的利用效率和准确性。同时,平台还支持在线协作和审批,通过工作流引擎和电子签名等技术,实现了财务流程的在线化和自动化。这使得财务工作的流程更加顺畅、高效,减少了人为的干预和延误。

除了开发16个工作台,智能财务平台还驱动企业建立了共享财务、业务财务和战略财务的"三支柱"新型财务运营管理模式。这种管理模式打破了传统财务管理的局限,使得财务部门能够更加深入地参与企业的业务运营和战略决策。

共享财务作为"三支柱"之一,负责提供基础的财务服务,如账务处理、报表编制等。通过智能财务平台的支持,共享财务可以实现服务的标准化、流程化。平台通过统一的服务标准和流程规范,确保了财务服务的一致性和高效性。同时,平台还支持服务的自动化和智能化,如自动化的凭证处理、报表生成等,提高了服务的效率和质量。这使得共享财务能够成为企业内部的"财务工厂",为各部门提供高效、准确的财务服务。

业务财务则更加注重将财务管理与企业的业务运营相结合,通过数据分析、成本控制等手段,为企业的业务发展提供有力支持。智能财务平台为业务财务提供了丰富的数据资源和强大的分析工具。平台通过实时采集和整合企业的业务数据,形成了全面的数据仓库。业务财务可以利用这些数据资源,进行深入的业务分析和挖掘,发现业务运营中的问题和机会。同时,平台还提供了强大的数据分析工具,如数据挖掘算法、统计分析模型等,帮助业务财务更加准确地把握市场动态和企业的运营状况。这使得业务财务能够成为企业业务发展的"智囊团",为企业的业务决策提供科学依据。

战略财务则站在企业的全局高度,负责制定财务战略、规划财务目标等。智能财务平台为战略财务提供了全面的数据支持和决策依据。平台通过实时采集和整合企业的财务数据、业务数据和市场数据,形成了全面的数据视图。战略财务可以利用这些数据视图,对企业的整体财务状况、市场环境和竞争态势进行深入分析。同时,平台还提供了先进的预测模型和决策支持系统,帮助战略财务更加科学地制定财务战略和规划财务目标。这使得战略财务能够成为企业战略管理的"领航者"，为企业的可持续发展提供有力保障。

云南烟草商业智能财务建设的实施显著提升了企业的财务管理工作质量和效率。通过智能化技术的应用，企业实现了财务数据的实时共享和同步，提高了数据的准确性和可靠性。这使得财务部门能够更加及时、准确地提供财务信息，为企业的决策提供了有力的支持。同时，"三支柱"新型财务运营管理模式的建立也使得财务部门能够更加有效地支持企业的业务运营和战略决策。共享财务提供了高效、准确的财务服务，业务财务提供了深入的业务分析和挖掘，战略财务提供了科学的财务战略和规划。

此外，智能财务建设还增强了企业的风险防控能力。通过实时监控和分析财务数据，企业可以及时发现潜在的风险和问题，并采取相应的措施进行防范和应对。这使得企业能够更加有效地控制风险，确保企业的稳健发展。智能财务建设还提高了企业的市场竞争力和可持续发展能力。通过提高财务管理的效率和准确性，企业能够更加灵活地应对市场变化，抓住市场机遇，提升企业的市场竞争力。同时，通过科学的财务战略和规划，企业能够实现可持续发展，为企业的未来奠定坚实的基础。

案例四

某证券公司的 RPA 财务机器人应用①

在当今数字化、信息化的时代，证券行业正经历着前所未有的变革。市场的快速波动、客户需求的多样化以及监管政策的不断更新，都对证券公司的运营效率和服务质量提出了更高的要求。尤其对于证券公司财务部而言，随着市场数据的爆炸式增长和业务流程的日益复杂，其面临着前所未有的挑战。数据查询、下载、人工核对、数据录入、导出上报等一系列烦琐的工作流程，不仅耗时耗力，而且自动化效率低、人工操作风险高，严重制约了财务部门的工作效率和准确性。

为了应对这些挑战，提升工作效率，降低操作风险，提高数据处理的准

① 案例来源：海量数据自动处理，RPA 重塑证券自动化办公新范式.(2024-4-2)[2025-1-16]. https://mp. weixin. qq. com/s/PWg8ZhdJAQQ6vVw2l8e-ZQ. (有改动)

确性和及时性,某证券公司决定引入 RPA(机器人流程自动化)财务机器人,以科技赋能财务管理,推动财务数字化转型。RPA 技术作为一种新兴的自动化工具,能够通过模拟人类操作行为,自动执行重复性、规律性的工作任务,从而大幅提高工作效率和准确性。

经过深入的市场调研和技术评估,该证券公司选择了金智维 K-RPA 财务机器人作为其核心财务自动化解决方案。金智维 K-RPA 财务机器人是一款基于 RPA+AI 技术的智能化工具,它结合了 OCR(光学字符识别)、NLP(自然语言处理)等先进的人工智能功能,实现了跨系统间的数据传递和自动处理,为证券公司的财务管理带来了革命性的改变。

在数据查询和下载方面,RPA 机器人展现出了强大的自动化能力。传统上,财务人员需要手动登录各个系统,根据特定的查询条件进行数据检索,并将结果下载到本地。这一过程不仅耗时耗力,而且容易因为人为因素导致错误。而 RPA 机器人则能够自动登录各个系统,根据预设的规则和流程进行数据查询和下载。它能够模拟人类的操作行为,如点击、输入、选择等,快速准确地完成数据查询和下载任务。通过预设的查询条件和筛选标准,RPA 机器人能够自动检索出所需的数据,并将其下载到指定的位置,大大提高了工作效率和准确性。

此外,RPA 机器人还具有实现定时查询和下载功能。根据财务人员的设置,RPA 机器人可以在特定的时间点自动执行查询和下载任务,无须人工干预。这对于需要定期获取和更新数据的财务工作来说,无疑是一个巨大的便利。通过 RPA 机器人的自动化处理,财务人员可以更加专注于数据分析和决策支持等更高价值的工作,而无须浪费大量时间在烦琐的数据查询和下载上。

在数据核对和录入方面,RPA 机器人同样表现出色。传统上,财务人员需要手动对比不同系统或表格中的数据,找出差异并进行修正,然后将修正后的数据录入相应的系统中。这一过程不仅烦琐复杂,而且容易出错。人为因素导致的录入错误、核对遗漏等问题时有发生,给财务工作的准确性和可靠性带来了很大的挑战。而 RPA 机器人则能够自动对比数据差异,并进行智能修正和录入。它能够利用 OCR 技术识别图像中的文字信息,将其转化为可编辑的文本数据。这意味着,对于那些以图像形式存在的数据,如扫描件、照片等,RPA 机器人能够自动提取其中的文字信息,并进行后续的处理和分析。同时,RPA 机器人还能够利用 NLP 技术理解自然语言描述的规则和要求,对数据进行智能处理和修正。例如,对于某些需要根据特定规则进行修正的数据项,RPA 机器人能够自动理解并执行这些规则,无须人工干预。通过 RPA 机器人的自动化处理,财务人员无须再手动进行数据核对和录入,大大减轻了工作负担。RPA 机器人能够快速准确地完成数据核对和录入任务,提高了工作的效率和准确性。

在数据导出和上报方面,RPA 机器人也发挥了重要作用。传统上,财务人员需要手动生成报表和文件,并将其导出为特定的格式进行上报和存档。这一过程不仅耗时耗力,而且容易出错。手动生成报表和文件需要财务人员具备一定的专业知识和技能,而且容易受到人为因素的影响,导致错误。同时,将报表和文件导出为特定的格式也需要花费一定的时间和精力。而RPA 机器人则能够自动生成报表和文件,并进行自动上报和存档。它能够根据预设的模板和规则,快速准确地生成所需的报表和文件。这些报表和文件可以根据财务人员的需要进行定制和调整,满足了不同部门和业务的需求。同时,RPA 机器人还能够自动将生成的报表和文件上传到指定的系统中,实现数据的实时共享和同步。这意味着,财务人员无须再手动将报表和文件发送给相关部门或人员,大大提高了工作的效率和便捷性。

自财务机器人上线以来,该证券公司实现了工作效率的大幅提升。工作任务执行时间大幅降低,原本需要数小时甚至数天才能完成的工作,现在只需要几分钟或几小时就能完成。例如,对于数据查询和下载任务来说,RPA 机器人能够在几分钟内完成原本需要数小时甚至更长时间的手动操作。对于数据核对和录入任务来说,RPA 机器人也能够大幅缩短处理时间,提高了工作的效率和准确性。同时,由于 RPA 机器人能够自动执行重复性的工作,减少了人工干预和错误率,使得工作的正确率和可靠性大大提升。

RPA 机器人的应用不仅提高了数据处理的准确性和及时性,还降低了操作风险和管理成本。传统上,由于人为因素的存在,财务工作中容易出现各种错误和风险。而 RPA 机器人通过自动化处理,减少了人为干预和错误率,降低了操作风险。同时,由于RPA机器人的处理过程是可追溯和可审计的,财务人员可以随时查看和处理异常情况,确保了数据的可靠性和完整性。这进一步降低了管理成本和风险。

更重要的是,RPA机器人的应用使得财务人员能够从烦琐、复杂、重复性高的工作中解放出来,更多地参与企业的战略决策和财务管理。他们可以利用节省下来的时间和精力,进行更深入的数据分析、财务规划和风险管理等工作。通过数据分析,财务人员可以更加深入地了解企业的财务状况和经营成果,为企业的决策提供更加准确和可靠的信息支持。通过财务规划,财务人员可以更加科学地制订企业的财务目标和计划,为企业的可持续发展提供有力的保障。通过风险管理,财务人员可以更加有效地识别和评估企业的风险状况,为企业的风险防控提供有力的支持。

RPA机器人的应用还促进了该证券公司的数字化转型和智能化升级。通过引入先进的RPA+AI技术,该证券公司实现了财务流程的自动化和智能化处理,提高了财务管理的效率和准确性。同时,RPA机器人的应用还为其他业务部门的数字化转型提供了有益的参考和借鉴。其他部门可以看到财务部门通过RPA机器人实现的效率和准确性提升,从而更加积极地探索和尝试数字化转型和智能化升级的可能性。这推动了整个企业的数字化进程,提升了企业的竞争力和可持续发展能力。

第 6 章

电子发票与财税管理

电子发票的推广使用极大地提高了财税管理的效率和准确性。本章将深入探讨电子发票的基本概念与特点,分析其在财税管理中的应用优势,并探讨电子发票推行对财税管理效率提升的具体影响,展现电子发票在数字经济时代的巨大潜力。

6.1 电子发票的基本概念与特点

电子发票作为现代信息社会的产物,正以其独特的优势在各个领域发挥着越来越重要的作用。

6.1.1 电子发票的基市概念

电子发票,是指单位和个人在购销商品、提供或者接受服务,以及从事其他经营活动中,按照税务机关要求的格式,使用税务机关确定的开票软件开具的电子收付款凭证。它是纸质发票的数字化版本,基于互联网技术,以数据电文的形式呈现。电子发票的产生是信息技术发展的必然结果。随着互联网的普及和电子商务的兴起,传统的纸质发票已经无法满足现代商业交易的需求。电子发票的出现,不仅解决了纸质发票在开具、传递、存储等方面的不便,还提高了发票管理的效率和准确性。电子发票在购销商品、提供或者接受服务以及从事其他经营活动中发挥着重要的作用。对于商家而言,电子发票的开具更加便捷,可以节省大量的人力和物力成本。对于消费者而言,电子发票的保存和查询更加方便,有助于维护自身的合法权益。同时,电子发票还有助于税务机关加强税收征管,防止税收流失。

6.1.2 电子发票的特点

电子发票之所以能够在现代社会中得到广泛应用,主要是因为它具有以下特点。

6.1.2.1 快捷高效

电子发票能实现即时开具和传输,大大减少了纸质发票在邮寄和管理中的时间延迟。在传统的纸质发票模式下,商家需要手动开具发票,并通过邮寄或快递的方式传递给消费者,这个过程往往需要耗费较长的时间。而电子发票则可以在交易完成后立即生成,并通过电子邮件、短信或应用程序等渠道迅速传递给消费者,极大地提高了发票的开具和传递效率。电子发票的生成快速,真伪核实也快。由于电子发票采用了数字化的技术手段,因此可以通过专门的软件或系统进行快速生成和核实。这不仅提高了发票的处理速度,还有效防止了假发票的流通。同时,电子发票的操作简便,普及推广也容易。相比于传统的纸质发票,电子发票不需要复杂的开具流程和专业的操作技能,只需要掌握基本的计算机操作即可轻松完成。

6.1.2.2 环保节能

电子发票不需要纸张等物质介质来开具和传递,减少了对自然资源的消耗,充分体现了环保理念。在传统的纸质发票模式下,每年都需要消耗大量的纸张来开具和传递发票,这不仅浪费了自然资源,还加剧了环境污染。而电子发票则完全摒弃了纸张的使用,通过电子化的方式完成发票的开具和传递,大大减少了纸张的消耗和废弃物的产生。电子发票的推广使用还有助于减少纸张使用和邮寄过程中的碳排放。由于电子发票不需要通过邮寄或快递传递,因此可以减少因运输而产生的碳排放量。同时,电子发票的存储和管理也更加便捷和高效,可以节省大量的存储空间和管理成本。

6.1.2.3　易于管理

电子发票采用电子数据方式存储,企业可以轻松地存储、查询、统计和分析发票信息,提高了财务管理的效率和准确性。在传统的纸质发票模式下,企业需要设立专门的发票存储和管理部门,负责发票的收发、存档和查询等工作。这不仅需要耗费大量的人力和物力成本,还容易出现发票丢失、损坏或错漏等问题。而电子发票则可以通过电子化的方式完成存储和管理,大大简化了发票的处理流程。

电子发票的存储和查询更加便捷,有助于企业的账务处理。企业可以通过专门的软件或系统对电子发票进行分类、归档和查询等操作,方便快捷地获取所需的发票信息。同时,电子发票还能及时给企业经营者提供决策支持。通过对电子发票数据的统计和分析,企业可以了解自身的经营状况和市场趋势,为制定经营策略提供有力的数据支持。

6.1.2.4　安全可靠

电子发票采用数字签名技术,确保数据的真实性和完整性,有效防止了发票的伪造和篡改。在传统的纸质发票模式下,发票的真伪往往难以辨别,容易出现假发票或篡改发票等问题。而电子发票则通过数字签名技术对发票数据进行加密和验证,确保发票的真实性和完整性。数字签名技术是一种先进的加密技术,可以对数据进行唯一的标识和验证,有效防止了数据的伪造和篡改。电子发票上还附有电子税务局的签名机制,采用统一的防伪技术来确保发票的真实性和安全性。电子税务局作为税务机关的官方机构,对电子发票进行签名和认证,可以进一步提高发票的可信度和安全性。同时,电子发票还采用了其他多种防伪技术,如二维码、水印等,以确保发票的唯一性和不可复制性。

6.1.2.5　法律效力

电子发票具有与纸质发票相同的法律效力,已被广泛认可和接受。根据《中华人民共和国电子商务法》等相关法律法规的规定,电子发票可以作为有效的购货凭证或服务单据,用于售后维权、财务报销等场景。这意味着电子发票在法律上与纸质发票具有同等的地位和效力,可以作为合法的交易凭证和财务记账依据。无论是商家还是消费者,都可以放心地使用电子发票进行交易和维权。同时,电子发票的使用也有助于税务机关加强税收征管,防止税收流失。由于电子发票具有与纸质发票相同的法律效力,因此税务机关可以依法对电子发票进行监管和查处,确保税收的合法性和公正性。

6.1.2.6　存储方便

电子发票一般为 PDF 格式文件,可以供纳税人下载储存在手机、U 盘等电子储存设备中,方便保存和携带。在传统的纸质发票模式下,发票的保存和携带往往比较麻烦,容易出现丢失或损坏等问题。而电子发票则可以通过电子化的方式完成保存和携带,大大方便了纳税人的使用。电子发票的存储方式多样且便捷。纳税人可以选择将电子发票下载到手机、U 盘或其他电子储存设备中,随时随地进行查看和管理。同时,电子发票还可以通过网络云存储等方式进行备份和存档,确保发票数据的安全性和可靠性。此外,电子发票的携带也非常方便。纳税人只需要携带手机或其他电子设备即可随时随地查看和管理自己的电子发票,无须再担心发票的丢失或损坏问题。

6.1.2.7　全面数字化

电子发票是全面数字化的发票,不以纸质形式存在,打破了纸质发票作为会计记账凭证的传统,具备了发票会计档案电子记账的条件。在传统的纸质发票模式下,发票的开具、传递、存储和管理都需要依赖纸质介质和手工操作,效率低下且易出错。而电子发票则完全摒弃了纸质介质和手工操作,实现了发票的全面数字化管理。电子发票的全面数字化使得发票的处理更加高效和准确。通过电子化的方式完成发票的开具、传递、存储和管理等工作,可以大大提高发票的处理速度和准确性。同时,电子发票还具备了发票会计档案电子记账的条件。由于电子发票采用了数字化的技术手段进行存储和管理,因此可以直接作为会计记账凭证进行电子记账和核算,无须再进行纸质凭证的转换和录入等工作。这不仅提高了会计工作的效率和准确性,还降低了会计工作的成本和风险。

6.2　电子发票在财税管理中的应用优势

电子发票作为现代信息技术的产物,正逐步取代传统的纸质发票,成为财税管理领域中的重要工具。电子发票凭借高效、便捷、环保等多重优势,在提升企业财税管理效率、降低成本、强化税务合规、支持企业决策以及提升社会效益等方面发挥着重要作用。

6.2.1　提高财税管理效率

电子发票的应用显著提高了财税管理的效率。首先,电子发票的即时开具和传输特性,使得交易完成后可以迅速生成发票并传递给相关方,大大缩短了发票处理的时间。在电子商务平台上,消费者完成交易后,电子发票可以即时生成并通过电子邮件或应用程度发送给消费者,无须等待邮寄,这一特性极大地提升了交易效率。相比之下,纸质发票需要手动填写、打印、邮寄等烦琐流程,耗时较长且易出错。其次,电子发票的集中管理和自动化处理功能,使得企业财务人员可以更加便捷地处理发票。电子发票服务平台通常提供线上、线下全方位服务,包括发票的开具、接收、验真、报销、入账和归档等全流程管理。企业可以通过这些平台实现发票的集中存储和快速查询,避免了纸质发票易丢失、难查询的问题。同时,电子发票的自动化处理功能,如自动验真、自动归类和自动入账等,进一步减轻了财务人员的工作负担。这些自动化功能不仅提高了处理速度,还减少了人为错误,使得财税管理工作更加高效、准确。

6.2.2　数据整合便捷

电子发票在财税管理中的应用,还体现在其强大的数据整合能力上。电子发票将发票数据、财务数据、税务数据等进行整合,打破了数据孤岛,为企业提供了全面、准确的数据,使得企业能够更好地掌握财务状况,进行数据分析,为企业的经营管理提供有力支持。

一方面,电子发票的数据格式统一,易于被计算机系统识别和处理。这使得企业可以通过专门的软件或系统对电子发票数据进行快速提取和分析,生成各种财务报表和数据分析结果。例如,企业可以利用电子发票数据生成销售报表,分析销售趋势、客户偏好等信息,还可以生成应收账款报表、应付账款报表等,帮助企业及时了解资金状况,优化资金管理。另一方面,电子发票的数据整合功能还有助于企业实现业财一体化管理。通过将电子发票数据与企业的业务系统、财务系统等进行对接,企业可以实现发票信息与业务信息的实时同步和共享。这有助于企业更好地掌握业务流程和财务状况,提高管理水平。业财一体化管理不仅提升了企业的运营效率,还增强了企业的风险防控能力。

6.2.3 提供全方位服务

电子发票服务平台通常提供线上、线下全方位服务,包括电话服务、远程协助、线上智能客服等,确保用户在使用过程中能够得到及时、有效的支持。这些服务不仅提高了用户的使用体验,还增强了用户对电子发票的信任感和接受度。

线上智能客服是电子发票服务平台的重要组成部分。通过自然语言处理和人工智能技术,智能客服可以为用户提供 24 小时不间断的服务。用户可以通过文字、语音等方式与智能客服进行交互,获取关于电子发票开具、查询、报销等方面的信息。智能客服还可以根据用户的提问,自动推送相关的帮助文档和操作指南,提高用户的使用效率。这种智能化的服务方式不仅提升了用户的满意度,还降低了企业的服务成本。电子发票服务平台还提供远程协助和电话服务等功能。当用户遇到操作问题或系统故障时,可以通过这些服务获得专业的技术支持和帮助。这些服务不仅解决了用户在使用过程中遇到的问题,还增强了用户对电子发票的信心和依赖度。通过提供全方位的服务支持,电子发票服务平台为企业和用户提供了更加便捷、高效的财税管理体验。

6.2.4　降低财税管理成市

电子发票的应用有助于企业降低财税管理成本。首先,电子发票的无纸化特性,使得企业无须再购买大量的纸张、打印机等办公设备和耗材,降低了硬件设备的采购成本和维护成本。同时,电子发票的自动化处理功能,减少了人工操作和时间成本,提高了工作效率。企业可以节省大量的人力、物力和财力,将资源投入更具价值的业务活动中。其次,电子发票的集中存储和管理,使得企业无须再为纸质发票的存储和查询投入大量的人力、物力和财力。纸质发票需要专门的存储空间和管理人员,且易丢失、难查询。而电子发票则可以通过电子化的方式实现集中存储和快速查询,降低了存储和查询成本。企业可以随时随地通过电子发票服务平台查询所需的发票信息,提高了工作效率和准确性。最后,电子发票的推广使用还有助于企业降低税务风险。由于电子发票具有不可篡改、可追溯等特性,使得企业可以更加准确地掌握发票信息和交易记录,避免因发票问题而引发的税务风险。这有助于企业降低税务合规成本,提高企业的经济效益。通过电子发票的应用,企业可以更加规范地进行财税管理,降低税务风险,提升企业的竞争力。

6.2.5　强化税务合规

电子发票的应用还有助于企业强化税务合规。首先,电子发票的开具和管理需要遵循税务机关的相关规定和要求,这有助于企业规范发票管理行为,提高税务合规意识。企业必须按照规定的格式和内容开具电子发票,并确保发票的真实性和合法性。这种规范化的管理要求使得企业在财税管理方面更加严谨、合规。其次,电子发票的自动化处理功能,如自动验真、自动归类和自动入账等,有助于企业避免因人工操作而产生的错误和漏洞,提高税务合规性。自动化处理功能可以大大减少人为干预和错误,确保发票信息的准确性和一致性。这有助于企业更加准确地计算税额、申报纳税,避免因税务问题而产生的法律风险和经济损失。

电子发票的信息化特性,使得税务部门能够更全面、准确地掌握纳税人的税收情况,从而加强监管。税务部门可以通过电子发票服务平台获取企业的发票信息和交易记录,对企业进行实时监控和分析。这有助于税务部门及时发现和纠正企业的税务违规行为,提高企业的税务合规水平。同时,这种信息化的监管方式还可以提高税务部门的执法效率和准确性,降低税务成本。电子发票的推广使用还有助于企业防范税务风险。企业可以通过电子发票服务平台对发票信息进行分类统计和分析,及时发现和纠正潜在的税务风险点。例如,企业可以通过数据分析发现异常交易行为或虚开发票等风险点,并采取相应的措施进行防范和纠正。同时,企业还可以利用电子发票数据生成税务风险预警报告,为管理层提供决策支持。

6.2.6 支持企业决策

电子发票的应用还为企业提供了丰富的数据支持,有助于企业做出更加科学、合理的决策。首先,电子发票的数据整合能力,使得企业可以更加全面地掌握财务状况和业务信息。企业可以通过对电子发票数据的分析,了解销售情况、应收账款情况、应付账款情况等关键指标,为管理层提供决策支持。这些指标可以反映企业的经营状况和盈利能力,帮助管理层制定更加合理的经营策略和发展规划。其次,电子发票的实时性和准确性,使得企业可以更加及时地掌握市场动态和客户需求。企业可以通过对电子发票数据的实时监控和分析,了解客户的购买行为和消费习惯,为产品开发和市场营销提供数据支持。这种实时的数据反馈可以帮助企业及时调整产品策略和市场营销方案,满足客户的需求和期望,提高企业的市场竞争力。最后,电子发票的推广使用还有助于企业实现业财一体化管理。通过将电子发票数据与企业的业务系统、财务系统等进行对接,企业可以实现发票信息与业务信息的实时同步和共享。这有助于企业更好地掌握业务流程和财务状况,提高管理的精细化和智能化水平。业财一体化管理可以使企业的决策更加科学、合理,提高企业的运营效率和经济效益。同时,这种管理方式还可以增强企业的风险防控能力,降低企业的运营风险。

6.2.7　提升社会效益

电子发票的应用不仅对企业具有显著的优势,还对社会产生了积极的影响。首先,电子发票的推广使用有助于节约自然资源,保护环境。电子发票无须使用纸张和印刷,减少了对森林资源的消耗和环境污染。随着电子发票的普及和应用,将有助于推动绿色经济的发展和可持续发展目标的实现。这种环保的特性使得电子发票成为一种符合时代潮流和社会责任的财税管理工具。其次,电子发票的推广使用还有助于提高社会效益。推广电子发票有助于防止虚开发票、偷税漏税等行为,增加税收收入,促进经济发展和社会稳定。电子发票的信息化特性使得税务部门能够更全面、准确地掌握纳税人的税收情况,从而加强监管和打击偷税漏税行为。这种信息化的监管方式可以提高税务部门的执法效率和准确性,降低税务成本,为政府提供更加充足的财政收入来源。同时,电子发票的普及和应用还有助于提高税收征管的效率和准确性。传统的纸质发票管理存在诸多弊端,如易伪造、难查询等。而电子发票具有不可篡改、可追溯等特性,可以大大提高税收征管的效率和准确性。税务部门可以通过电子发票服务平台实时获取企业的发票信息和交易记录,对企业的税收情况进行实时监控和分析,及时发现和纠正企业的税务违规行为。

6.3　电子发票的推行与财税管理效率的提升

电子发票的推行是财税管理领域的一项重要变革,它不仅改变了传统的纸质发票模式,还显著提升了财税管理效率,为企业的财务管理和税务合规带来了前所未有的便利。

6.3.1 减少纸质文件,降低管理成本

传统纸质发票在使用过程中,产生大量的纸张、印刷、存储和邮寄成本。这些成本不仅体现在直接的物质消耗上,还包括因纸质发票管理而产生的间接成本,如人工整理、归档、检索等。而电子发票以电子数据形式存在,完全摒弃了实体纸张的需求,从根本上减少了这些成本。电子发票的存储和检索更加便捷,企业可以通过电子发票系统轻松管理数以万计的发票数据,无须再为庞大的纸质发票库而烦恼。这不仅节省了宝贵的物理空间,还显著降低了存储和管理的成本,使得企业能够更加高效地利用资源。此外,电子发票的环保特性也符合当前社会可持续发展的要求,有助于企业树立绿色形象。

6.3.2 提高发票处理速度,加速资金回笼

电子发票的即时开具和传输特性是其相较于纸质发票的一大优势。在交易完成后,电子发票可以迅速生成并传递给购买方,无须经历纸质发票的手动填写、盖章、邮寄等烦琐流程。这种即时性不仅提高了交易效率,还极大地缩短了发票处理时间。对于销售方而言,这意味着可以更快地收到款项,加速资金回笼,提高资金利用效率。对于购买方而言,电子发票的即时获取也便于其及时进行财务处理和报销,提高了工作效率。

6.3.3 自动化处理,减少人为错误

电子发票的推行使得财税管理过程更加自动化,这是其提升财税管理效率的重要体现之一。通过电子发票系统,企业可以实现发票的自动验真、自动归类、自动入账等功能。这些自动化处理不仅减少了人工操作的工作量,还大大降低了人为错误的发生概率。例如,在发票验真环节,电子发票系统可以自动核对发票信息,如发票号码、开票日期、金额等,确保发票的准

确性和合法性。这种自动化验真方式不仅提高了验真效率,还有效避免了因发票问题而导致的财务风险。电子发票系统还可以自动将发票数据归类到相应的会计科目下,实现自动入账。这不仅减少了人工入账的工作量,还提高了入账的准确性。同时,电子发票系统还可以与其他财务系统实现数据对接,实现数据的共享和同步,进一步提高了财税管理的自动化水平。

6.3.4 数据整合与分析,提升决策能力

电子发票的推行使得财税管理数据更加集中和统一,这是其提升决策能力的重要基础。通过电子发票系统,企业可以对发票数据进行整合和分析,生成各种财务报表和数据分析结果。这些数据不仅反映了企业的财务状况和经营情况,还蕴含了丰富的业务信息和市场动态。例如,企业可以通过分析电子发票数据,了解销售趋势、客户偏好、产品受欢迎程度等信息。这些信息对于企业制定营销策略、调整产品结构、优化客户服务等具有重要指导意义。同时,企业还可以通过对比不同时间段的发票数据,分析财务状况的变化趋势,为管理层提供决策支持。此外,电子发票数据还可以作为企业进行预算编制、成本控制、绩效考核等的重要依据,有助于提高企业的财务管理水平和经营效益。

6.3.5 促进税务合规,降低税务风险

电子发票的推行有助于企业更好地遵守税务法规,降低税务风险。一方面,电子发票系统可以自动核对发票信息,确保发票的准确性和合法性。这种自动化验真方式有效避免了因发票问题而导致的税务处罚,如虚开发票、假发票等。另一方面,电子发票的信息化特性使得税务部门能够更全面、准确地掌握纳税人的税收情况,从而加强监管和打击偷税漏税行为。电子发票的推行还有助于企业提高税务申报的准确性和效率。通过电子发票系统,企业可以轻松地导出所需的发票数据,用于税务申报和缴纳。这不仅减少了人工整理数据的工作量,还提高了申报的准确性。同时,电子发票系

统还可以与税务部门的系统进行数据对接,实现税务申报的自动化和智能化,进一步提高了税务管理的效率。

6.3.6　优化工作流程,提高整体效率

电子发票的推行还有助于企业优化财税管理工作流程,提高整体效率。通过电子发票系统,企业可以实现发票的在线申请、开具、传递、验证和报销等功能。这种线上化的工作流程不仅减少了纸质文件的流转环节,还提高了工作效率和整体效率。例如,在发票申请环节,员工可以通过电子发票系统在线提交申请,无须再填写纸质申请表并等待审批。在发票开具环节,销售人员可以即时开具电子发票并传递给客户,无须再手动填写纸质发票并邮寄。在发票报销环节,员工可以通过电子发票系统直接提交发票信息,无须再为纸质发票的整理和邮寄而烦恼。这些线上化的工作流程不仅简化了操作步骤,还提高了工作效率和准确性,使得企业能够更加高效地管理财税事务。

6.3.7　推动数字化转型,提升竞争力

电子发票的推行是企业数字化转型的重要组成部分,也是提升企业竞争力的重要手段之一。通过推行电子发票,企业可以实现财税管理的信息化和智能化,提高管理效率和服务质量。这不仅有助于企业降低运营成本和提高经济效益,还有助于提升企业的市场竞争力和地位。在电子商务领域,推行电子发票已经成为企业提升客户体验和满意度的重要手段之一。电子发票的即时开具和传递特性使得客户能够更快地收到发票,便于其及时进行财务处理和报销。同时,电子发票的易存储和易检索特性也使得客户能够更加方便地管理自己的发票信息。这些优势不仅提升了客户的购物体验,还增强了客户对企业的信任和忠诚度。

电子发票的推行还有助于企业拓展业务渠道和市场空间。随着电子商务的快速发展和普及,越来越多的消费者开始选择在线购物和支付。而电

子发票作为电子商务交易的重要组成部分,其推行和普及将为企业提供更多的业务机会和市场空间。企业可以通过电子发票系统实现与电商平台的无缝对接和数据共享,提高交易效率和准确性,从而拓展业务渠道和提升市场竞争力。

第 7 章 数字经济时代的财税政策与法规

数字经济对财税政策与法规提出了新的要求。本章将分析数字经济对财税政策与法规的影响,比较国内外数字经济财税政策与法规的差异,并探讨数字经济财税政策与法规的未来发展趋势,为政策制定者提供参考。

7.1 数字经济对财税政策与法规的影响

数字经济,作为 21 世纪的新兴经济形态,正以其独特的魅力和无限的潜力,对全球的经济结构、产业模式以及社会治理产生着深远的影响。在这一变革中,财税政策与法规作为国家调控经济的重要手段,也不可避免地受到了数字经济的冲击和挑战。以下将详细探讨数字经济对财税政策与法规的多方面影响。

7.1.1 数字经济对财税政策与法规的理论基础影响

经济决定税收,税收反作用于经济,这一传统理论框架在数字经济时代依然具有适用性。数字经济以其独特的运行方式和内在规律,对税收的产生、分配和调节功能提出了新的要求。深入研究数字经济运行层面的内在规律,对于准确把握其对财税政策与法规的影响至关重要。数字经济的蓬勃发展,使得传统的资源配置模式发生了深刻变化。网络效应、平台经济等新型资源配置方式的兴起,要求财税政策与法规必须从理论层面进行全面深入的研究,探索财税制度创新的可能性。这不仅是为了适应新的资源配置模式,更是为了推动财税政策与法规同数字经济时代的经济发展相协调,实现税收的公平与效率。

在理论层面,数字经济对财税政策与法规的影响还体现在对税收原则的挑战和重塑上。传统的税收原则,如公平原则、效率原则等,在数字经济时代需要得到新的解读和应用。例如,公平原则要求税收应根据纳税人的能力进行分配,但在数字经济中,如何衡量纳税人的能力,特别是数据资产的价值,成为一个亟待解决的问题。效率原则要求税收应尽可能减少对经济活动的扭曲,但在数字经济中,税收征管如何适应跨境交易、虚拟商品等新型经济活动,也是一个需要深入研究的课题。

7.1.2　数字经济对财税政策与法规的具体影响

7.1.2.1　数据要素的作用凸显

随着数字经济的蓬勃发展,数据已成为新的生产要素,其价值创造地位日益凸显。数据不仅作为信息传递的媒介,还在算法的作用下强化了劳动要素在价值创造中的地位。这一变化对财税政策与法规提出了新的要求。首先,如何对数据要素进行征税成为一个亟待解决的问题。数据作为无形资产,其价值难以准确衡量,且交易方式多样,给税收征管带来了极大的挑战。其次,数据价值的评估也是一个需要深入研究的问题。传统的资产评估方法可能无法准确反映数据的价值,因此需要探索新的评估方法和标准。

7.1.2.2　社会化生产价值表现方式的变化

在数字经济时代,数据流转逐渐替代货物和劳务流转成为社会化生产的价值表现方式。这一变化对财税政策与法规产生了深远的影响。首先,税种和税率的调整成为必然。随着数据流转的普及,传统的货物和劳务税可能逐渐减弱,而针对数据流转的税种和税率则需要相应增加。其次,税收征管方式也需要适应这一变化。数据流转的虚拟性和跨境性使得税收征管更加复杂,需要利用先进的技术手段进行监管和征收。

7.1.2.3 税收征管模式的变化

数字经济的发展使得生产组织形态发生了深刻变化,税务机关获取征管信息的方式也随之改变。传统的税收征管模式主要依赖于企业的财务报表和交易记录等信息,但在数字经济时代,这些信息可能无法全面反映企业的经济活动。因此,税收征管模式需要创新,以适应数字经济时代的需求。一方面,税务机关需要利用大数据、云计算等先进技术手段提高税收征管的效率和准确性;另一方面,税务机关还需要加强与其他部门的合作,实现信息共享和协同监管,以打击偷逃税行为。

7.1.3 数字经济对国际税收规则的影响

7.1.3.1 跨国公司的公平纳税问题

在数字经济时代,跨国公司的运营模式更加多样化和复杂化,其活动往往跨越多个司法管辖区。这使确定应税地点和税基问题变得复杂。传统的国际税收规则可能无法适应这种变化,导致跨国公司能够利用税收漏洞进行避税。因此,国际税收规则需要进行改革和完善,以确保跨国公司的公平纳税。一方面,需要建立更加公平和合理的税收分配机制;另一方面,需要加强国际合作和协调,共同打击跨国避税行为。

7.1.3.2 税基侵蚀与利润转移

数字经济中,企业可以利用技术手段将利润转移到低税率或无税国家,从而减少整体税负。这种行为被称为税基侵蚀和利润转移。税基侵蚀和利润转移不仅损害了相关国的税收利益,还破坏了国际税收秩序。为了应对这一问题,国际税收规则需要建立全球最低税率等制度,防止企业通过转移利润来逃避税收。同时,还需要加强国际合作和信息交换,提高税收征管的透明度和效率。

7.1.3.3 数据价值的征税难题

数据作为数字经济时代的关键资产,其价值如何评估及征税尚未形成共识。数据具有无形性、可复制性和易传播性等特点,使得其价值难以准确衡量。此外,数据的交易方式也多种多样,包括直接销售、许可使用、数据共享等,这给税收征管带来了极大的挑战。为了解决这一问题,国际税收规则需要探索数据价值的征税方法。一方面,可以建立数据价值评估体系,对数据的价值进行量化和评估;另一方面,可以制定针对数据交易的税收政策,确保税收的公平和合理。

7.1.4　应对数字经济对我国财税政策与法规影响的策略

我国数字经济仍处于早期发展阶段,但发展速度迅猛,潜力巨大。然而,与发达国家相比,我国在数字经济领域的税收法律法规及激励创新政策还存在一定的滞后性。现行税制在应对数字经济带来的挑战时还存在诸多需要破解的难题。为了应对这些挑战,我国需要采取以下应对策略:

首先,优化税制是实现与数字经济更好地匹配的关键。我国应对数字经济时代相关税制进行制度创新和根本性变革,以适应新的经济运行模式和资源配置方式。例如,可以考虑对数据要素进行征税,建立数据价值评估体系,并制定相应的税收政策。同时,还需要调整税种和税率,以适应社会化生产价值表现方式的变化。

其次,加强税收征管是提高税收征管效率和准确性的重要手段。我国应利用大数据、云计算等先进技术手段提高税收征管的智能化水平,实现税收征管的精准化和高效化。同时,还需要加强与其他部门的合作和信息共享,实现协同监管和打击偷逃税行为。

最后,推动国际合作是确保税收公平和合理的重要途径。我国应积极参与国际税收规则的制定和完善过程,加强与其他国家的合作和协调,共同应对数字经济对税收带来的挑战。通过国际合作和信息交换,提高税收征管的透明度和效率,维护国际税收秩序和各国的税收利益。

7.1.5　数字经济对财税政策与法规的长期影响展望

随着数字经济的不断发展壮大,其对财税政策与法规的影响也将越来越深远。从长远来看,数字经济将推动财税政策与法规的创新和完善,以适应新的经济运行模式和资源配置方式。这一过程中,财税政策与法规将不断适应数字经济的特点和需求,促进数字经济的健康发展。同时,优化财税政策与法规也将为数字经济发展提供有力支持。通过制定合理的税收政策和激励措施,可以引导企业加大研发投入,推动技术创新和产业升级。此外,加强税收征管还可以提高税收征管的效率和准确性,为数字经济提供良好的税收环境。

7.2　国内外数字经济财税政策与法规的比较分析

数字经济作为一种新兴的经济形态,正在全球范围内蓬勃发展,对各国财税政策与法规的制定和实施产生了深远影响。国内外在应对数字经济带来的挑战和机遇时,纷纷出台了相应的财税政策与法规。

7.2.1　政策制定概况

7.2.1.1　国内政策制定概况

1.国内政策制定背景

在国内,数字经济的蓬勃兴起不仅重塑了经济格局,还对传统的税收体系构成了前所未有的挑战。这一变革的根源在于数字经济的核心特征,如高度依赖数据、跨境交易频繁、无形资产占比大等,这些特征使得传统的基于物理存在和交易流向的税收制度难以有效捕捉和征税。首先,数字经济的快速发展使得传统税收制度难以适应新型经济活动的需求。传统的税收体系主要围绕实体商品和服务的交易进行设计,而数字经济中的大量交易是无形的,这些交易的税收处理变得复杂且模糊。其次,数字经济中的税收漏洞和避税行为日益增多,迫切需要完善税收监管体系。由于数字技术的便捷性和隐蔽性,一些企业利用复杂的跨国架构和转移定价手段进行避税,导致国家税收流失严重。最后,数字经济作为新的经济增长点,其潜力巨大,对经济增长、就业创造和产业升级具有显著推动作用,因此政府需要通过财税政策给予充分的支持和鼓励,以促进数字经济的健康发展。

在这一背景下,我国政府积极应对,出台了一系列财税政策与法规,旨在构建一个适应数字经济时代的税收体系。这些政策与法规不仅关注税收的公平性和效率性,还注重激发市场活力和创新动力,为数字经济的持续繁荣提供有力保障。

2. 国内政策目标

国内政策目标主要包括以下几个方面:

一是优化税收结构,促进数字经济发展。政府通过调整税种结构、税率水平以及税收优惠政策,引导资源向数字经济领域倾斜,支持数字技术的研发和应用,推动数字经济与传统产业的深度融合,提升经济整体竞争力和创新力。

二是加强税收征管,打击偷逃税行为。针对数字经济中的税收漏洞和避税行为,政府不断完善税收法律法规,加强税收征管能力建设,运用大数据、人工智能等现代信息技术手段提升税收征管效率和精准度,确保税收的应收尽收,维护税收公平和正义。

三是完善税收优惠政策,激励企业创新和投资。政府通过制定一系列税收优惠政策,如扩大研发费用加计扣除范围、提高高新技术企业税收优惠等,降低企业创新成本和投资风险,激发企业创新活力和投资热情,推动数字经济领域的技术创新和产业升级。

3. 国内政策实施的具体措施

为了实现上述政策目标,我国政府采取了一系列具体措施。在优化税收结构方面,政府逐步降低传统行业的税收负担,同时加大对数字经济领域的税收支持力度,如对数字经济企业给予所得税减免、增值税即征即退等优惠政策。在加强税收征管方面,政府不断完善税收法律法规体系,加强税收征管信息化建设,提高税收征管的智能化水平,同时加大对偷逃税行为的打击力度,维护税收秩序。在完善税收优惠政策方面,政府根据数字经济发展的新趋势和新特点,不断调整和优化税收优惠政策,如扩大研发费用加计扣除的范围和比例,提高高新技术企业的认定标准和税收优惠力度等,以更好地适应数字经济发展的需求。

4.国内政策的长远影响

这些政策的实施对国内经济产生了深远的影响。一方面,优化税收结构和加强税收征管有助于提升税收的公平性和效率性,为政府提供稳定的财政收入来源,保障公共服务的供给和民生福祉的改善。另一方面,完善税收优惠政策能够激发企业的创新活力和投资热情,推动数字经济领域的快速发展和产业升级,为经济持续增长提供新的动力源泉。同时,这些政策还有助于提升国家的国际竞争力,使中国在全球数字经济格局中占据更加重要的地位。

7.2.1.2　国外政策制定概况

1.国外政策制定背景

在国外,尤其是发达国家,数字经济已经成为经济增长的重要驱动力。随着数字技术的不断发展和普及,数字经济体量在各国经济总量中的比重逐年上升,对经济增长、就业创造和社会福利提升等方面产生了深远影响。然而,数字经济的快速发展也给传统税收体系带来了巨大挑战。一方面,数字经济的跨境交易特性使得税收管辖权变得模糊,各国在税收利益分配上存在争议;另一方面,数字经济中的无形资产和数字化服务难以估值和征税,导致税收流失风险增加。

为了应对这些挑战,各国政府纷纷出台了相应的财税政策与法规。这些政策的制定背景与国内相似,但也有一些独特之处。例如,一些国家可能更加注重数字经济对就业、社会福利等方面的影响。数字经济的发展带动了新的就业形态和就业模式的出现,如远程工作、平台经济等,这些新就业形态对传统的劳动法和社会保障体系构成了挑战。因此,这些国家在政策制定时会考虑如何保障新就业形态下的劳动者权益和社会福利。

2.国外政策目标

国外政策目标主要包括以下几个方面:

一是优化税收制度,确保税收公平和合理。各国政府致力于构建一个适应数字经济时代的税收制度,确保所有企业和个人在税收上承担合理的负担,避免税收歧视和不公平现象的发生。同时,各国还加强国际合作与协调,共同应对数字经济带来的税收挑战,维护全球税收秩序和利益平衡。

二是加强税收征管,打击跨国避税行为。针对数字经济中的跨国避税问题,各国政府不断加强税收征管能力建设,提升税收征管的智能化和精准度。同时,各国还通过加强国际合作与交流,共享税收信息和数据,共同打击跨国避税行为,维护全球税收公平和正义。

三是利用税收政策促进数字经济发展和创新。各国政府充分认识到数字经济对经济增长和创新的推动作用,因此通过制定一系列税收优惠政策,如研发费用税收抵免、创新企业税收优惠等,降低企业创新成本和投资风险,激发企业创新活力和投资热情,推动数字经济领域的快速发展和产业升级。

3.国外政策实施的具体策略

为了实现上述政策目标,各国政府采取了一系列具体策略。在优化税收制度方面,一些国家通过改革企业所得税法、增值税法等法律法规,适应数字经济时代的需求。例如,引入数字服务税、数据价值税等新型税种,对数字经济中的无形资产和数字化服务进行征税。在加强税收征管方面,各国政府不断加强税收征管信息化建设,提高税收征管的智能化水平。同时,加强国际合作与交流,共同打击跨国避税行为。在利用税收政策促进数字经济发展和创新方面,各国政府通过制定一系列税收优惠政策,鼓励企业加大研发投入,推动技术创新和产业升级。

4.国外政策对全球经济的影响

这些政策的实施对全球经济产生了积极的影响。一方面,优化税收制度和加强税收征管有助于提升全球税收的公平性和效率性,为各国政府提供稳定的财政收入来源,保障公共服务的供给和民生福祉的改善。另一方面,利用税收政策促进数字经济发展和创新能够激发企业的创新活力和投资热情,推动全球数字经济领域的快速发展和产业升级,为全球经济持续增长提供新的动力源泉。同时,这些政策还有助于加强国际合作与协调,共同应对数字经济带来的挑战和问题,推动构建开放、包容、普惠、平衡、共赢的全球数字经济格局。

7.2.2 政策内容

在数字经济的浪潮下,各国政府纷纷出台了一系列财税政策与法规,旨在促进数字经济的健康发展、保障国家税收权益,以及应对数字经济带来的挑战。这些政策与措施既涵盖了国内的税制改革与创新,也包括了国际间的税收合作与协调。

7.2.2.1 国内政策内容

在国内层面,数字经济财税政策与法规的构建和完善是一个系统工程,涉及数据要素税收政策、税收征管创新、税收优惠政策以及跨境税收管理等多个方面。

(1)数据要素税收政策。随着数据日益成为驱动经济发展的新要素,我国政府开始积极探索对数据要素进行征税的政策框架。这一政策的核心在于明确数据交易的税收义务和税率,以规范数据市场秩序并促进数据资源的合理配置。具体而言,政府可能通过立法形式,界定数据要素的法律地位、交易规则和税收原则,确保数据交易在合法合规的基础上进行。同时,为了鼓励数据流通和共享,政府还可以对特定类型的数据交易给予税收优惠或减免,以降低交易成本,激发市场活力。

(2)税收征管创新。面对数字经济带来的税收征管挑战,我国政府正积极利用大数据、云计算等先进技术手段,推动税收征管模式的创新。通过构建税收大数据平台,政府能够实时获取和分析海量税收数据,提高税收征管的智能化和精准化水平。这不仅有助于提升税收征管的效率,减少逃税漏税行为,还能为政府提供更加全面、准确的税收信息,为政策制定提供科学依据。此外,税收大数据平台还能促进税务部门与其他政府部门之间的信息共享和协同工作,形成税收共治的良好格局。

(3)税收优惠政策。为了激励企业创新和投资数字经济,我国政府出台了一系列税收优惠政策。这些政策主要针对高新技术企业、研发创新企业以及数字经济领域的初创企业等。例如,对高新技术企业给予所得税减免、研发费用加计扣除等优惠措施,以降低企业的税收负担,增强其创新能力和市场竞争力。同时,政府还通过设立专项基金、提供财政补贴等方式,支持数字经济领域的关键技术研发和产业化项目,推动数字经济产业的快速发展。

(4)跨境税收管理。随着数字经济的全球化发展,跨境交易和跨境税收问题日益凸显。为了应对这一挑战,我国政府加强了与其他国家的合作和信息交换。通过签订双边或多边税收协定,明确跨境税收的分配原则和征管责任,防止税基侵蚀和利润转移。同时,政府还积极参与国际税收规则的制定和改革进程,推动构建更加公平、合理的国际税收体系。

7.2.2.2　国外政策内容

在国外,尤其是发达国家,数字经济财税政策与法规也呈现出多样化的特点。这些政策旨在应对数字经济带来的税收挑战,保障国家税收权益,并促进数字经济的健康发展。

(1)数字服务税。为了应对数字经济中跨国公司的避税行为,一些国家开始征收数字服务税。法国、英国等国家已经率先实施了这一政策,对跨国数字企业在其境内的收入进行征税。数字服务税的征收对象通常包括在线广告服务、数字中介服务等数字经济领域的核心业务。通过征收数字服务税,这些国家旨在确保跨国数字企业为其在境内提供的服务缴纳相应的税款,维护国家税收权益。

(2)全球最低税率制度。为了防止税基侵蚀和利润转移,OECD 提出了全球最低税率制度。这一制度旨在确保各国在税收竞争中保持一定的底线,防止跨国公司通过将利润转移至低税率国家来逃避税收责任。目前,已有多个国家表示支持并计划实施这一制度。全球最低税率制度的实施将有助于构建更加公平、合理的国际税收体系,促进全球经济的可持续发展。

(3)数据价值评估与征税。随着数据价值的日益凸显,一些国家开始探索对数据价值进行评估和征税的政策。这些政策旨在明确数据交易的税收义务和税率,规范数据市场秩序,并促进数据资源的合理配置。为了实现这一目标,政府可能需要制定数据价值评估标准和征税方法,确保数据交易的税收处理既公平又合理。同时,政府还需要加强对数据市场的监管和执法力度,打击数据交易中的违法行为,维护市场秩序和公共利益。

（4）税收征管合作。为了加强跨境税收征管合作,各国纷纷签订了双边或多边税收协定。这些协定明确了跨境税收的分配原则、征管责任和信息交换机制等,为跨境税收征管提供了法律保障和制度基础。通过加强税收征管合作,各国能够共同应对数字经济带来的税收挑战,维护国家税收权益,并促进全球经济的稳定和发展。此外,各国还通过国际税收组织或论坛等平台,加强税收政策的沟通和协调,推动构建更加和谐、稳定的国际税收秩序。

7.2.3　政策实施效果与挑战

数字经济财税政策与法规的实施,无论是在国内还是国外,都取得了一定的成效,但同时也面临着诸多挑战。这些政策旨在促进数字经济的健康发展,保障国家税收权益,然而其实施效果及挑战因国情、国际环境及技术进步等多种因素而异。

7.2.3.1　国内政策实施效果与挑战

在国内,数字经济财税政策与法规的实施已经显现出积极的成效,同时也面临着一些挑战。

（1）政策实施效果。税收优惠政策在激励企业创新和投资数字经济方面发挥了重要作用。通过给予高新技术企业所得税减免、研发费用加计扣除等优惠,政府有效降低了企业的创新成本,增强了其研发动力和市场竞争力。这些政策促进了高新技术产业的快速发展,推动了数字经济与实体经济的深度融合。同时,税收征管创新也显著提高了税收征管的效率和准确性。利用大数据、云计算等先进技术手段,税务部门能够实时获取和分析海量税收数据,精准识别偷逃税行为,有效打击了税收违法行为,维护了税收公平和秩序。

（2）面临的挑战。数据要素税收政策的制定和实施面临着诸多挑战。数据作为新的生产要素,其价值评估是一个复杂而棘手的问题。如何准确评估数据的价值,确定合理的税率和税收义务,是政策制定者需要认真考虑的问题。此外,税收征管技术的更新和升级也是一大挑战。随着数字经济的快速发展,税收征管手段需要不断适应新的交易模式和商业模式,以确保税收征管的准确性和有效性。同时,跨境税收管理也是一大难题。数字经济具有全球化、无国界的特点,跨境交易和跨境税收问题日益凸显。为了有效应对跨境税收的复杂性和不确定性,我国需要加强与其他国家的合作和信息交换,共同构建更加公平、合理的国际税收体系。

7.2.3.2　国外政策实施效果与挑战

在国外,尤其是发达国家,数字经济财税政策与法规的实施也取得了一定的成效,但同样面临着不少挑战。

(1)政策实施效果。数字服务税的实施是国外数字经济财税政策的一大亮点。通过对跨国数字企业在境内的收入进行征税,数字服务税有效打击了跨国公司的避税行为,增加了国家的税收收入。这一政策的实施有助于维护国家税收权益,促进数字经济企业的公平竞争。同时,全球最低税率制度的提出也是国际税收合作的一大进步。该制度旨在防止税基侵蚀和利润转移,维护国际税收秩序,确保各国在税收竞争中保持一定的底线。这一制度的实施将有助于构建更加公平、合理的国际税收体系,促进全球经济的可持续发展。

(2)面临的挑战。国外数字经济财税政策的实施也面临着诸多挑战。数字服务税的实施可能引发国际税收争端和贸易摩擦。由于数字经济的全球化特点,跨国数字企业的税收问题涉及多个国家的利益。因此,数字服务税的实施可能会引发一些国家的不满和反对,甚至可能导致国际税收争端和贸易摩擦。此外,全球最低税率制度的实施也需要各国之间的协调和合作。由于各国经济发展水平和税收制度存在差异,全球最低税率制度的实施需要各国在税收政策上进行协调和妥协,以确保政策的公平和合理。这需要各国政府加强沟通和合作,共同推动全球税收治理体系的改革和完善。

7.2.4　政策差异与原因

7.2.4.1　政策差异

国内外数字经济财税政策与法规存在显著的差异,这些差异不仅体现在政策的宏观目标上,还深入政策的具体内容和实施效果中,反映了不同国家在经济环境、税收制度及国际合作方面的多样性和复杂性。

(1)政策目标差异。国内数字经济财税政策往往更加注重利用税收政策来促进数字经济的快速发展和创新。这主要体现在对高新技术企业提供税收优惠、鼓励数字技术研发和应用,以及支持数字经济与传统产业的深度融合等方面。政府通过税收激励措施,引导企业加大在数字经济领域的投入,推动产业升级和转型。相比之下,国外数字经济财税政策更加注重税收的公平和合理。特别是在全球化背景下,许多国家致力于构建更加公正的国际税收体系,防止跨国公司通过数字手段逃避税收责任,确保各国能够公平地分享数字经济带来的税收收益。

(2)政策内容差异。在政策内容方面,国内数字经济财税政策更加侧重于税收征管创新和数据要素税收政策。随着数字经济的蓬勃发展,传统的税收征管方式已经难以适应新的交易模式和商业模式。因此,我国政府积极探索利用大数据、人工智能等先进技术来改进税收征管手段,提高税收征管的效率和准确性。同时,针对数据作为新的生产要素的特点,我国政府也在研究如何对数据价值进行评估,并制定相应的税收政策。而国外数字经济财税政策则更加注重数字服务税和全球最低税率制度。数字服务税是对跨国数字企业在境内提供的数字服务进行征税的一种税种,旨在打击跨国公司的避税行为。全球最低税率制度则是为了防止税基侵蚀和利润转移,维护国际税收秩序而提出的一项国际税收合作倡议。

(3)政策实施效果差异。在政策实施效果方面,国内外都取得了一定的成效,但面临的挑战和机遇也有所不同。国内数字经济财税政策的实施有效促进了高新技术产业的发展,提高了税收征管的效率和准确性,为数字经济的健康发展提供了有力保障。然而,随着数字经济的不断发展和国际环境的日益复杂,我国政府还需要进一步加强与其他国家的合作和信息交换,共同应对跨境税收等复杂问题。国外数字经济财税政策的实施则有效打击了跨国公司的避税行为,增加了国家的税收收入,维护了国际税收秩序。然而,数字服务税的实施也可能引发国际税收争端和贸易摩擦,全球最低税率制度的实施也需要各国之间的协调和合作。

7.2.4.2　政策差异原因

国内外数字经济财税政策与法规的差异主要由以下几个原因造成：

（1）经济发展水平。不同国家的经济发展水平不同，对数字经济的依赖程度也不同。发达国家拥有较为完善的数字经济基础设施和较高的数字化水平，因此更加注重税收公平和合理，以及如何通过税收政策来引导数字经济的健康发展。而发展中国家则可能更加注重利用税收政策来促进数字经济的快速发展和创新，以推动经济增长和产业升级。

（2）税收制度基础。不同国家的税收制度基础不同，对数字经济的税收征管方式和手段也有所不同。一些国家拥有较为完善的税收征管体系和先进的税收征管技术，能够较好地适应数字经济的发展需求。而另一些国家则可能面临税收征管手段落后、税收征管效率低下等问题，需要加强税收征管创新和数据要素税收政策的研究和实施。

（3）国际合作环境。不同国家的国际合作环境不同，对跨境税收问题的处理方式也有所不同。一些国家积极参与国际税收合作和信息交换，共同制定和完善国际税收规则，以应对跨境税收等复杂问题。而另一些国家则可能面临国际合作壁垒、信息交换不畅等问题，需要加强与其他国家的合作和沟通，共同推动国际税收体系的改革和完善。

7.2.5　政策借鉴与启示

7.2.5.1　政策借鉴

虽然国内外数字经济发展情况有差异，但各国数字经济财税政策与法规彼此间也存在许多值得借鉴的地方。这种借鉴不仅有助于完善各国的政策体系，还能提高税收征管的效率和准确性，促进数字经济的健康发展。

第一，我国可以借鉴国外在数字服务税、全球最低税率制度等方面的经验和做法。数字服务税作为一种针对跨国数字企业的新型税种，在国外已经得到了较为广泛的应用。我国可以研究国外数字服务税的实施效果和经验教训，结合自身的实际情况，探索适合本国的数字服务税制度。同时，全球最低税率制度的提出也是国际税收合作的一大进步。我国可以积极参与国际税收合作和讨论,了解全球最低税率制度的实施情况和影响,为未来的国际税收体系改革做好准备。

第二,国外也可以借鉴我国在税收征管创新、数据要素税收政策等方面的经验和做法。随着数字经济的快速发展,传统的税收征管方式已经难以适应新的交易模式和商业模式。我国在税收征管创新方面取得了显著成效,利用大数据、人工智能等先进技术来改进税收征管手段,提高了税收征管的效率和准确性。国外可以学习我国的税收征管创新经验,结合自身的实际情况,探索适合本国的税收征管新模式。同时,数据作为新的生产要素,其价值评估是一个复杂而棘手的问题。我国正在积极研究数据价值评估方法和数据要素税收政策,国外可以关注我国的进展和成果,为自身的数据要素税收政策制定提供参考。

7.2.5.2 启示

通过对国内外数字经济财税政策与法规的比较分析,可以得到以下启示:

(1)加强国际合作。数字经济具有跨国性和全球性特点,需要各国之间的协调和合作来共同应对跨境税收等复杂问题。因此,各国应加强国际合作和信息交换,共同制定和完善国际税收规则。这有助于确保各国在税收竞争中保持一定的底线,防止税基侵蚀和利润转移,维护国际税收秩序。同时,加强国际合作还有助于促进数字经济的全球发展和创新,推动全球经济的可持续增长。

(2)注重政策创新。数字经济作为一种新兴的经济形态,给传统税收制度带来了深刻影响。因此,各国应注重政策创新,探索适应数字经济特点的税收政策和征管方式。这包括利用大数据、人工智能等先进技术来改进税收征管手段,提高税收征管的效率和准确性;研究数据价值评估方法和数据要素税收政策,确保税收的公平和合理;积极参与国际税收合作和讨论,推动国际税收体系的改革和完善。

(3)平衡各方利益。在制定数字经济财税政策与法规时,应充分考虑各方利益和需求,确保政策的公平和合理。这包括平衡国家税收利益和企业发展利益、平衡传统经济模式和数字经济模式等方面。政府需要充分考虑不同行业、不同企业以及不同消费者的利益和需求,制定具有针对性和可操作性的政策措施。同时,政府还需要加强与相关利益方的沟通和协调,确保政策的顺利实施和有效执行。

7.3　数字经济财税政策与法规的未来发展趋势

数字经济是新时代经济发展的重要引擎,财税政策与法规的完善和发展对于推动数字经济的健康发展至关重要。未来,数字经济财税政策与法规将呈现出多个发展趋势,这些趋势将共同塑造数字经济领域的财税环境,为数字经济的繁荣提供有力支撑。

7.3.1　政策与法规的适应性改革

适应数字经济发展是财税政策与法规改革的首要任务。随着数字经济体量在国民经济总量中的占比不断提升,其独特的业态和模式对传统的财税政策提出了挑战。为了适应数字经济的发展,财税政策与法规需要进行适应性改革。

一方面,针对数字经济中的新业态、新模式,如平台经济、共享经济等,需要制定专门的税收政策。这些新业态、新模式具有不同于传统经济的运营方式和盈利模式,因此其税基、税率和征管方式也需要相应地进行调整。例如,对于平台经济,可以考虑根据其提供的服务类型、交易规模等因素来确定税收征管方式,以确保税收的公平性和合理性。另一方面,完善数据要素相关法规是适应数字经济发展的重要一环。数据作为数字经济时代的新型生产要素,其权属、交易、税收等问题亟待明确。未来,政策与法规将加强对数据要素的管理,明确数据的权属,保护数据的安全和隐私,规范数据的交易行为,并探索数据征税的可行性和方式。这将有助于推动数据要素市场的健康发展,为数字经济的创新发展提供有力支撑。为了适应数字经济的发展,财税政策还需要关注数字技术的创新和应用。例如,对于利用大数据、人工智能等技术进行税收征管创新的企业,可以给予一定的税收优惠政策,以鼓励其技术创新和应用。

7.3.2 税收征管模式的创新

随着大数据、云计算、人工智能等技术的广泛应用,税收征管模式将加速向数字化、智能化转型。这是税收征管模式创新的必然趋势,也是提高税收征管效率和精准度的有效途径。

数字化转型是税收征管模式创新的核心。通过利用大数据技术,税务部门可以实时获取纳税人的交易信息、财务数据等,实现税收征管的精准化和智能化。例如,通过数据分析,税务部门可以及时发现纳税人的税收违法行为,提高税收征管的针对性和有效性。同时,数字化转型还可以降低税收征管成本,提高征管效率,为纳税人提供更加便捷、高效的税收服务。

加强跨部门合作也是税收征管模式创新的重要方向。数字经济下的税收征管涉及多个部门的信息共享和协同治理。例如,税务部门可以与工商、银行、海关等部门建立信息共享机制,实时获取相关部门的数据信息,共同打击税收违法行为,维护税收秩序。这将有助于形成税收征管的合力,提高税收征管的效率和准确性。

税收征管模式的创新还需要关注纳税人的需求和体验。例如,可以通过建立电子税务局、移动税务 App 等渠道,为纳税人提供更加便捷、高效的税收服务。同时,还可以加强税收宣传和教育,提高纳税人的税收意识和遵从度。

7.3.3 支持数字经济创新发展的税收优惠政策

为了鼓励企业加大研发投入,推动数字经济创新发展,未来将继续加大对高新技术企业的税收优惠政策力度。这是支持数字经济创新发展的重要举措,也是提高国家科技实力和国际竞争力的重要途径。

一方面,可以降低高新技术企业的所得税税率,延长其享受税收优惠的期限。这将有助于减轻高新技术企业的税收负担,提高其研发投入的积极性。同时,还可以对高新技术企业的研发费用给予加计扣除等税收优惠政策,鼓励企业加大研发投入,推动技术创新和产业升级。另一方面,软件企业作为数字经济的重要组成部分,也将继续享受税收优惠政策。例如,对软件企业销售自行开发生产的软件产品实行增值税超税负即征即退政策,对国家鼓励的软件企业给予企业所得税减免等。这些税收优惠政策将有助于降低软件企业的运营成本,提高其市场竞争力,推动软件产业的快速发展。为了支持数字经济的创新发展,还可以探索建立更加灵活多样的税收优惠政策体系。例如,可以针对数字经济领域的新兴产业和业态,制定专门的税收优惠政策;可以加大对数字经济领域的人才引进和培养的支持力度,给予相关人才一定的税收优惠政策等。

7.3.4　构建公平竞争的税收环境

优化税收分配关系是构建公平竞争税收环境的重要方面。随着数字经济的发展,消费地、平台所在地和生产地的税收分配关系可能发生变化。为了确保各地在数字经济发展中都能受益,政策与法规需要优化税收分配关系,明确各地的税收权益和责任。

一方面,可以探索建立跨地区的税收分配机制,根据各地的经济贡献和税收能力来合理分配税收收入。这将有助于平衡各地的税收利益,促进区域经济的协调发展。另一方面,可以加强对平台企业的税收征管,确保其按照税收法规履行纳税义务,防止税收流失和不公平竞争。打击税收违法行为是维护税收秩序、促进公平竞争的重要手段。为了打击税收违法行为,税务部门需要加强税收监管和执法力度,对偷逃税等违法行为进行严厉打击和处罚。同时,还需要加强与相关部门的合作和信息共享,形成打击税收违法行为的合力。构建公平竞争的税收环境还需要加强税收宣传和教育。通过提高纳税人的税收意识和遵从度,可以营造良好的税收氛围,促进税收公平和正义的实现。同时,还需要加强对税收法规的宣传和解释工作,帮助纳税人更好地理解和遵守税收法规。

7.3.5 推动财税政策与法规的国际化进程

随着数字经济的全球化发展,国际税收合作将变得更加重要。未来,我国将积极参与国际税收规则的制定和完善,加强与其他国家和地区的税收合作与交流。这将有助于推动国际税收体系的改革和完善,为数字经济的全球化发展提供有力支撑。

一方面,我国可以积极参与国际税收组织的活动和会议,与其他国家和地区共同探讨国际税收问题和挑战。通过加强国际税收合作与交流,可以推动国际税收规则的制定和完善,为数字经济的全球化发展提供更加公平、合理的税收环境。另一方面,推动税收协定网络的建设也是推动财税政策与法规国际化进程的重要方向。通过签订双边或多边税收协定,可以明确跨境税收征管的权利和义务,为数字经济企业提供更加稳定、可预期的税收环境。这将有助于降低跨境税收风险,提高税收征管效率,促进数字经济的全球化发展。

为了推动财税政策与法规的国际化进程,还需要加强与国际税收专家的合作与交流。通过引进国际税收专家、举办国际税收研讨会等方式,可以借鉴国际先进经验和实践做法,提高我国财税政策与法规的国际化和现代化水平。同时,还可以加强对国际税收法规的研究和解读工作,帮助我国企业更好地理解和遵守国际税收法规,降低跨境税收风险。

第8章
数字经济时代的财税人才培养

财税管理的现代化离不开高素质的人才队伍。本章将分析数字经济对财税人才需求的变化，探讨财税管理专业课程体系的设置与优化，以及财税管理人才的实践锻炼与职业发展路径，为财税人才培养提供全面指导。

8.1 数字经济对财税人才需求的变化

随着数字经济的蓬勃发展，其对财税人才需求的变化日益显著。这些变化不仅体现在对财税人才专业技能的要求上，还体现在对财税人才综合素质的期待上，见表8-1。

表8-1 数字经济对财税人才需求的变化汇总

类别	具体方面	变化内容
专业技能需求的转变	数据分析能力需求提升	海量数据处理：掌握数据清洗、转换、挖掘、机器学习等技能，从数据中提取有价值信息。数据可视化与报告：掌握数据可视化技能，将分析结果以直观方式呈现，便于非专业人员理解
	数字化工具应用能力	新型信息系统：熟练掌握 ERP、CRM、SCM 等系统操作方法，快速采集、处理和分析数据。数字化工具与平台：掌握 BI 工具、数据仓库、云计算平台等的使用方法，提高工作效率
	税务筹划与合规能力的深化	复杂税收法规应对：深入了解国内外税收法规变化，准确解读和应用，进行合法税务筹划。跨境税收管理：掌握国际税收协定内容，熟悉各国税收法规差异，避免双重征税

续表 8-1

类别	具体方面	变化内容
综合素质要求的提升	跨学科知识与能力	经济学与管理学知识:掌握市场经济运行规律、企业战略规划等,服务于企业战略目标。信息技术知识:了解数据库原理,掌握编程语言,熟悉云计算和大数据技术等
	创新思维与学习能力	创新思维:具备敏锐洞察力和前瞻性思维,提出新财税管理模式和方法。持续学习能力:不断更新知识和技能,适应新挑战和机遇
	沟通与协作能力	跨部门沟通:与其他部门建立良好沟通机制,传递和共享信息,协同工作。团队协作:与 IT 部门、业务部门等团队紧密合作,共同完成任务
职业角色的拓展与演变	从核算型向管理经营型转变	传统核算型角色:主要负责会计核算和税务申报。管理经营型角色:参与企业管理经营,提供财务管理支持、风险预警和决策支持
	新型职业岗位的出现	数据分析师:掌握数据分析方法和技术,为企业提供数据分析服务。税务筹划师:深入了解税收法规变化,制定合理的税务筹划方案。数字化转型顾问:指导企业实现财税工作数字化转型,提供方案和实施建议
对教育与培训的影响	改革教育体系	课程设置:增加数据分析、数字化工具应用、税务筹划与合规等方面课程。实践教学:加强与企业合作,建立实习实训基地,提供实践机会
	倡导终身学习	持续学习的重要性:跟上时代步伐,提高专业素养和竞争力。在线教育与培训:利用在线教育平台提供灵活多样的培训课程和学习资源

8.1.1　专业技能需求的转变

在数字经济时代,财税工作的核心已经从传统的账务处理扩展到了更广泛的数据管理和决策支持领域,这对财税人才的专业技能提出了全新的要求。以下将详细阐述数据分析能力的需求提升、数字化工具的应用能力以及税务筹划与合规能力的深化这三个方面的转变。

8.1.1.1　数据分析能力的需求提升

(1)海量数据处理。在数字经济时代,数据已成为企业最重要的资产之一。随着物联网、社交媒体、电子商务等技术的普及,企业和个人产生的数据量呈指数级增长。这些数据不仅包括结构化的交易记录,还包括非结构化的日志、文本、图像等。财税工作不再局限于传统的账簿记录,而是需要处理这些海量的、多样化的数据。因此,财税人才必须具备强大的数据分析能力,能够运用大数据统计、分析、处理技术,从这些数据中提取出有价值的信息。这不仅要求财税人才掌握数据清洗、数据转换等基本技能,还需要他们具备数据挖掘、机器学习等高级技能,以便能够发现数据中的隐藏模式和趋势,为企业的战略决策提供有力支持。

(2)数据可视化与报告。数据分析的结果往往以复杂的数据集和模型形式存在,这对于非财务专业人员来说可能难以理解。因此,财税人才还需要掌握数据可视化的技能,能够将分析结果以报表、图表、仪表盘等直观的方式呈现出来。这样,企业的管理者、决策者以及其他部门的人员就能够轻松理解数据背后的意义,从而更好地利用数据来指导业务决策。数据可视化不仅要求财税人才具备美学知识和设计感,还需要他们熟悉各种数据可视化工具和平台,能够根据数据的特点和需求选择合适的可视化方式。

8.1.1.2　数字化工具应用能力

(1)新型信息系统。在数字经济时代,企业广泛采用 ERP(企业资源计划)、CRM(客户关系管理)、SCM(供应链管理)等新型信息系统进行管理和运营。这些系统集成了企业的各个业务流程,实现了数据的实时共享和协同工作。财税人才需要熟练掌握这些系统的操作方法,以便能够快速地采集、处理和分析数据,生成准确的财务报表和业务分析报告。例如,通过 ERP 系统,财税人员可以实时监控企业的财务状况,包括资金流动、库存水平、销售业绩等,从而提高财务管理的效率和准确性。此外,财税人才还需要了解这些系统的架构和原理,以便在系统出现问题时能够进行故障排查和修复。

(2)数字化工具与平台。随着云计算、人工智能、区块链等技术的发展,各种数字化工具和平台应运而生。这些工具和平台为财税工作提供了更加便捷、高效的方式。财税人才需要掌握这些工具的使用方法,如利用BI(商业智能)工具进行数据挖掘和分析,利用数据仓库存储和管理海量数据,利用云计算平台进行数据的备份和恢复等。此外,财税人才还需要关注这些技术的最新发展动态,以便能够及时地将新技术应用到实际工作中,提高企业的竞争力。

8.1.1.3 税务筹划与合规能力的深化

(1)复杂税收法规应对。随着数字经济的发展,税收法规也变得更加复杂和多样化。一方面,新的商业模式和交易方式不断涌现,如电子商务、数字货币等,这些都对税收法规提出了新的挑战;另一方面,各国政府为了应对数字经济带来的税收问题,也在不断地调整和完善税收法规。因此,财税人才需要深入了解国内外税收法规的变化,能够准确地解读和应用这些法规,为企业进行合法的税务筹划。税务筹划不仅要求财税人才具备扎实的税法知识,还需要他们具备创新思维和战略规划能力,以便能够设计出既符合法规要求又能够降低税收成本的税务方案。

(2)跨境税收管理。在全球化背景下,企业的跨境业务日益增多。这不仅为企业带来了更多的市场机遇,也带来了更加复杂的税务问题。不同国家的税收法规存在差异,且存在国际税收协定和避免双重征税的规则。因此,财税人才需要掌握跨境税收管理的知识和技能,如了解国际税收协定的内容、熟悉各国税收法规的差异、掌握避免双重征税的方法等。这样,企业才能够在跨境业务中确保税务合规,避免因为税务问题而引发法律风险和经济损失。此外,财税人才还需要关注国际税收领域的最新动态和趋势,以便能够及时调整企业的税务策略,适应国际税收环境的变化。

8.1.2 综合素质要求的提升

在数字经济时代,财税工作的复杂性和多样性日益显著,这对财税人才的综合素质提出了更高的要求。

8.1.2.1 跨学科知识与能力

(1)经济学与管理学知识。在数字经济时代,财税工作不再孤立于财务领域,而是需要与企业的整体运营紧密结合。这就要求财税人才具备经济学与管理学的基础知识,能够深入理解市场经济的运行规律、企业的战略规划、市场营销策略以及人力资源管理等方面的内容。通过掌握这些跨学科知识,财税人才能够从企业整体运营的角度进行财税管理和决策,更好地服务于企业的战略目标。例如,在制定财务策略时,财税人才需要考虑市场环境的变化、竞争对手的动态以及企业的内部资源状况,以确保财务策略的科学性和有效性。

(2)信息技术知识。随着数字化工具在财税工作中的应用日益广泛,财税人才需要掌握一定的信息技术知识。这包括了解数据库原理、掌握编程语言(如 SQL、Python 等)进行数据处理和分析、熟悉云计算和大数据技术等。通过掌握这些信息技术知识,财税人才能够更高效地利用数字化工具进行数据处理和分析,提高工作的准确性和效率。同时,他们还能够与 IT 部门紧密合作,共同推动财税工作的数字化转型和升级。

8.1.2.2　创新思维与学习能力

(1)创新思维。在数字经济时代,财税工作面临许多新的挑战和机遇。传统的财税管理模式和方法已经难以满足企业发展的需求。因此,财税人才需要具备创新思维,能够提出新的财税管理模式和方法,以适应数字经济的发展。创新思维要求财税人才具备敏锐的洞察力和前瞻性的思维,能够及时发现并抓住市场机遇,为企业的创新发展提供有力支持。例如,财税人才可以探索将人工智能、区块链等新技术应用于财税工作中,以提高工作的智能化水平和安全性。

(2)持续学习能力。由于数字经济和税收法规的不断变化,财税人才需要具备持续学习的能力。他们需要不断更新自己的知识和技能,以应对新的挑战和机遇。持续学习能力要求财税人才具备强烈的学习意识和自我驱动力,能够主动学习并掌握新的知识和技能。同时,他们还需要具备良好的学习方法和技巧,以提高学习的效率和效果。通过持续学习,财税人才能够保持与时俱进的状态,为企业的可持续发展贡献自己的力量。

8.1.2.3　沟通与协作能力

(1)跨部门沟通。在数字经济时代,财税工作需要与企业的其他部门进行紧密的合作和沟通。这就要求财税人才具备良好的跨部门沟通能力。他们需要与其他部门建立良好的沟通机制,及时传递和共享信息,协同工作,共同推动企业的发展。跨部门沟通能力要求财税人才具备清晰的表达能力和良好的倾听技巧,能够准确地传达自己的意见和想法,同时认真倾听他人的意见和建议。通过有效的跨部门沟通,财税人才能够更好地理解企业的整体运营状况和需求,为企业的决策提供有力的支持。

(2)团队协作。在数字化工具的应用和数据分析等方面,财税人才往往需要与 IT 部门、业务部门等团队协作。这就要求财税人才具备良好的团队协作能力。他们需要能够充分发挥团队的优势,共同完成任务。团队协作能力要求财税人才具备团队精神和合作意识,能够尊重他人的意见和想法,积极参与团队的讨论和决策。同时,他们还需要具备良好的协调能力和组织能力,能够协调团队成员之间的工作关系,确保团队的顺畅运作。通过有效的团队协作,财税人才能够与其他团队成员共同完成任务,实现企业的整体目标。

8.1.3　职业角色的拓展与演变

随着数字经济的深入发展,财税工作人员的职业角色也在不断拓展和演变。

8.1.3.1　从核算型向管理经营型转变

(1)传统核算型角色。在过去,财税人才的主要职责是进行会计核算和税务申报等工作。他们需要熟悉会计准则和税收法规,确保企业的财务报表和税务申报的准确性和合规性。然而,在数字经济时代,这些工作逐渐被自动化和智能化工具所取代。随着财务软件和税务系统的普及和应用,许多传统的核算工作已经可以实现自动化处理。这使得财税人才需要转变自己的职业角色,以适应数字经济的发展需求。

(2)管理经营型角色。随着数字经济的发展,财税人才需要更多地参与到企业的管理经营中。他们需要为企业提供财务管理支持、风险预警和决策支持等服务。财税人才需要成为企业的战略伙伴,与企业的管理层紧密合作,共同制定和执行企业的战略计划。在管理经营型角色中,财税人才需要具备更广泛的知识和技能。他们需要深入了解企业的业务流程和市场环境,能够分析企业的财务状况和经营成果,为企业的决策提供有力的数据支持。同时,他们还需要具备良好的风险意识和风险管理能力,能够及时发现并应对企业面临的各种风险。

8.1.3.2　新型职业岗位的出现

(1)数据分析师。在数字经济时代,企业需要大量的数据分析人才来挖掘和利用数据资源。财税人才可以转型为数据分析师,利用自己的财务知识和技能,为企业提供有价值的数据分析服务。作为数据分析师,财税人才需要掌握数据分析的方法和技术,能够熟练运用数据分析工具进行数据处理和分析。他们需要从大量的数据中提取有用的信息,为企业的决策提供数据支持。同时,他们还需要具备良好的沟通能力和表达能力,能够将自己的分析结果清晰地传达给企业的管理层和其他相关部门。

(2)税务筹划师。随着税收法规的复杂化和多样化,企业需要专业的税务筹划师来为企业进行合法的税务筹划。税务筹划师需要深入了解国内外税收法规的变化和动态,能够为企业制定合理的税务筹划方案,降低税收成本,提高税务合规性。作为税务筹划师,财税人才需要具备良好的税法知识和税务筹划能力。他们需要能够根据企业的实际情况和需求,制定个性化的税务筹划方案。同时,他们还需要具备良好的沟通能力和协调能力,能够与税务机关保持良好的沟通关系,确保企业的税务筹划方案的顺利实施。

(3)数字化转型顾问。在数字化转型的过程中,企业需要专业的顾问来指导和帮助企业实现财税工作的数字化转型。财税人才可以转型为数字化转型顾问,为企业提供数字化转型的方案和实施建议。作为数字化转型顾问,财税人才需要具备丰富的数字化转型经验和专业知识。他们需要能够深入了解企业的业务流程和需求,为企业制定切实可行的数字化转型方案。同时,他们还需要具备良好的项目管理和实施能力,能够确保数字化转型方案的顺利实施和落地。通过提供数字化转型顾问服务,财税人才可以帮助企业实现财税工作的数字化转型和升级,提高企业的竞争力和市场适应能力。

8.1.4 对教育与培训的影响

数字经济时代的到来,对财税人才的教育与培训提出了全新的要求。为了满足这一需求,教育体系必须进行深刻的改革,同时倡导终身学习的理念,以确保财税人才能够具备适应数字经济时代所需的专业技能和综合素质。

8.1.4.1 改革教育体系

教育体系的改革是适应数字经济时代对财税人才需求变化的关键。为了培养具备数字经济时代所需技能和素质的财税人才,教育体系必须在课程设置和实践教学方面进行全面的革新。

(1)课程设置。在数字经济时代,财税工作不再局限于传统的会计核算和税务申报,而是需要涵盖数据分析、数字化工具应用、税务筹划与合规等多个方面。因此,教育体系在课程设置上必须进行相应的调整。首先,应增加数据分析相关的课程,如统计学、数据挖掘、机器学习等,以培养学生的数据分析能力和思维。这些课程使学生能够运用数据分析工具处理大量财务数据,为企业决策提供有力支持。其次,应开设数字化工具应用的课程,如财务软件操作、编程基础、云计算与大数据技术等,以使学生熟悉并掌握数字化工具在财税工作中的应用。此外,还应加强税务筹划与合规方面的课程,如税法、税务筹划原理、国际税收等,以提高学生的税务筹划能力和合规意识。通过这些课程的设置,教育体系将能够培养出具备数字经济时代所需专业技能和综合素质的财税人才。

(2)实践教学。除了理论教学外,实践教学在财税人才的培养过程中同样至关重要。实践教学能够使学生将所学知识应用于实际工作中,提高自己的实践能力和创新能力。为了实现这一目标,教育机构应加强与企业的合作,建立实习实训基地,为学生提供更多的实践机会。通过实习实训,学生能够深入了解企业的实际需求和工作流程,熟悉财税工作的实际操作过程。同时,企业还可以为学生提供指导和支持,帮助他们解决在实践中遇到的问题。此外,教育机构还可以组织财税案例分析、模拟税务筹划等活动,让学生在模拟环境中锻炼自己的实践能力和创新能力。通过这些实践教学环节的设置和实施,教育体系能够更好地培养出适应数字经济时代需求的财税人才。

8.1.4.2　倡导终身学习

在数字经济时代,财税知识和法规不断更新和变化,财税人才必须具备持续学习的能力才能跟上时代的步伐。因此,教育机构和企业需要倡导终身学习的理念,为财税人才提供持续学习的机会和资源。

(1)持续学习的重要性。数字经济时代的到来使得财税工作变得更加复杂和多变。新的税收政策、法规和技术不断涌现,要求财税人才必须不断更新自己的知识和技能。持续学习不仅能够帮助财税人才保持与时俱进的状态,还能够提高他们的专业素养和竞争力。通过持续学习,财税人才能够了解最新的税收政策和法规变化,掌握新的数字化工具和技术应用方法,从而更好地适应数字经济时代的需求。同时,持续学习还能够激发财税人才的创新思维和解决问题的能力,使他们在工作中更加出色。

(2)在线教育与培训。随着互联网技术的发展,在线教育与培训成为一种便捷的学习方式。教育机构和企业可以利用在线教育平台为财税人才提供灵活多样的培训课程和学习资源。在线教育平台不受时间和地点的限制,使得财税人才可以根据自己的时间和需求进行自主学习。培训课程可以涵盖税法更新、数字化工具应用、税务筹划与合规等多个方面,以满足财税人才的不同需求。同时,在线教育平台还可以提供丰富的学习资源,如视频教程、在线课件、案例分析等,帮助财税人才更好地理解和掌握所学知识。此外,在线教育平台还可以设置在线测试和互动环节,以检验财税人才的学习成果并促进他们之间的交流与合作。通过在线教育与培训的方式,教育机构和企业将能够为财税人才提供更加便捷、高效的学习途径和资源支持。

8.2 财税管理专业课程体系的设置与优化

8.2.1 课程结构层次的优化

课程结构层次的优化是构建科学、合理的财税管理专业课程体系的重要基石。一个系统而完整的课程体系,应当精心设计多个层次,以确保学生能够从基础到专业,逐步深入并掌握所需的知识与技能。

8.2.1.1 基础课程

基础课程在财税管理专业的教育体系中扮演着至关重要的角色,是培养学生基本素质和能力的关键环节。对于财税管理专业的学生而言,坚实的数学和英语基础是必不可少的。因此,基础课程应涵盖高等数学,这门课程不仅锻炼学生的逻辑思维能力,还为后续学习经济学、金融学中的复杂模型打下数学基础。线性代数和概率论与数理统计同样重要,它们为学生提供了处理数据、进行统计分析的工具,这在财税管理中尤为重要,因为数据分析是决策制定的核心。大学英语则是学生获取国际财税信息、进行跨国交流的基础,有助于培养学生的全球视野。此外,计算机基础等相关课程也不应忽视,因为在信息化时代,财税管理离不开计算机技术的支持。

8.2.1.2 专业基础课程

专业基础课程作为连接基础课程和专业核心课程的桥梁,其重要性不言而喻。在财税管理领域,学生需要建立对经济运行规律的全面认识。因此,微观经济学和宏观经济学是必修课程,它们帮助学生理解市场机制、宏观经济政策对财税管理的影响。财政学则是财税管理专业的核心基础,它深入探讨了政府收支活动、财政政策对经济的影响。货币银行学让学生了解金融体系的运作,掌握货币政策对经济活动的作用机制。国际经济学则拓宽了学生的国际视野,使他们能够理解国际贸易、国际金融的基本原理,为处理跨国财税问题打下基础。此外,管理学原理和组织行为学等管理学课程也是必不可少的,它们帮助学生掌握现代企业管理的基本方法,理解组织内部的行为模式,为未来的职业生涯做好准备。

8.2.1.3　专业核心课程

专业核心课程是财税管理专业课程体系的精髓,直接关乎学生专业知识和技能的培养。财务会计课程教授学生如何编制和分析财务报表,这是财税管理的基础。成本会计则专注于成本控制和成本分析,对于企业优化资源配置、提高经济效益具有重要意义。管理会计为内部管理提供决策支持,它结合了财务会计的信息和企业的战略目标,为管理层提供有价值的财务信息。财务管理课程则涵盖了资本预算、融资决策、营运资金管理等内容,是企业财务管理的核心。税法课程详细阐述了税收法律制度,使学生了解税收的原理、税种和税收征管制度。税务会计则是税法在会计实践中的应用,它教授学生如何进行税务筹划和税务申报。税收筹划课程则进一步深入,探讨如何在合法合规的前提下,通过税务筹划降低企业税负。金融市场、金融工具和金融衍生品等课程则让学生了解金融市场的运作机制,掌握金融工具的使用和金融衍生品的风险管理,这对于财税管理人员在金融环境中的决策至关重要。

8.2.1.4　专业选修课程

专业选修课程为财税管理专业的学生提供了更广阔的知识面,满足了学生个性化和差异化发展的需求。税务检查课程可以让学生了解税务稽查的流程和技巧,对于未来从事税务稽查工作的学生来说是非常有用的。比较财税制度课程则通过比较不同国家的财税制度,拓宽学生的国际视野,使他们能够理解不同财税制度下的经济效应。区域财政学、民族财政学和发展财政学等课程则从不同角度探讨了财税政策在特定区域、民族或发展阶段的应用和影响。数量财政学运用数学方法和计量经济学工具来研究财税问题,为财税政策的制定提供了科学依据。社会保障预算课程则关注社会保障体系的资金筹集、分配和使用,对于学生了解社会保障制度具有重要意义。企业税务核算与策划课程则结合了企业实际,教授学生如何进行税务核算和税务筹划,提高企业的税务管理效率。关税与海关管理课程则让学生了解关税制度和海关监管流程,对于从事国际贸易相关工作的学生来说是非常实用的。税收行政学、税收心理学和税收社会学等课程则从行政、心理和社会学角度探讨了税收问题,为学生提供了多维度的视角来理解税收现象。

8.2.2 课程内容的更新与拓展

随着经济社会的发展和财税管理实践的深入,课程内容也需要不断地更新和拓展,以确保学生能够掌握最新的知识和技能,适应快速变化的市场环境。这一过程的实施,不仅要求教育者对财税管理领域的最新动态保持高度敏感,还需要他们有能力将这些新知识、新技能有效地融入课程教学,从而培养出具备前瞻性和实践能力的财税管理人才。

8.2.2.1 紧跟政策变化

财税管理领域的政策法规是随着经济社会的发展和政府宏观调控的需要而不断调整的。因此,课程内容必须紧跟政策变化,及时反映最新的政策法规要求,确保学生毕业后能够迅速适应实际工作环境。例如,在税法课程中,教育者需要密切关注国家税收政策的最新动态,及时更新税法条文和解释。这包括但不限于新的税种设立、税率调整、税收优惠政策的变更以及税收征管制度的改革等。通过将这些最新的税收政策融入课堂教学,学生可以及时了解并掌握税收政策的最新变化,为未来的职业生涯做好充分准备。同时,教育者还应引导学生关注税收政策变化背后的经济逻辑和社会背景,培养学生的政策敏感性和分析能力。

除了税法课程外,其他财税管理相关课程也需要根据政策变化进行相应的调整。例如,在财政学课程中,教育者应及时介绍国家财政政策的最新动向,如财政预算的编制和执行、财政转移支付制度的改革等。通过这些内容的更新,学生可以更全面地了解国家财政政策对经济和社会发展的影响,从而在未来的工作中更好地运用财政政策工具来服务经济社会发展。

8.2.2.2 引入前沿理论

随着财税管理理论的不断发展和完善,课程内容应引入前沿理论,帮助学生建立更全面的知识体系,提高他们的专业素养和实践能力。例如,在财务管理课程中,教育者可以引入风险管理、资本运作等前沿理论。风险管理理论可以帮助学生了解企业面临的各种风险类型及其管理方法,如市场风险、信用风险、操作风险等,从而使学生具备风险识别和防控的能力。资本运作理论则可以让学生了解企业如何通过资本市场进行融资、投资、并购等活动,以实现企业的快速发展和价值最大化。

在成本管理课程中,教育者可以引入作业成本法、目标成本法等前沿的成本管理理论和方法。这些理论和方法可以帮助学生更准确地核算和控制企业的成本,提高企业的成本效益和竞争力。同时,教育者还应引导学生关注财税管理领域的最新研究成果和学术动态,鼓励学生积极参与学术研究和实践活动,培养他们的创新能力和实践能力。

8.2.2.3　加强跨学科融合

财税管理涉及多个学科领域,如经济学、管理学、法学、信息技术等。因此,课程内容应加强跨学科融合,培养学生的综合素质和跨学科思维能力。例如,在审计学课程中,教育者可以引入信息技术和统计学等知识,提高学生的审计能力。信息技术的发展使得审计工作更加高效和准确,如电子数据审计、大数据审计等新型审计方式的出现。通过将这些信息技术知识融入审计学课程,学生可以了解并掌握新型审计方式的方法和技巧,提高审计工作的效率和质量。同时,统计学知识的引入也可以帮助学生更好地进行数据分析和处理。在审计工作中,需要对大量的财务数据进行分析和处理,以发现潜在的问题和风险。通过掌握统计学的基本原理和方法,学生可以更准确地进行数据分析和处理,提高审计工作的准确性和可靠性。

在税务筹划课程中,教育者还可以引入法学知识,使学生了解税务筹划的法律边界和风险防控。税务筹划是在合法合规的前提下进行的,因此学生需要具备一定的法学知识,了解税收法律法规的规定和解释。通过将这些法学知识融入税务筹划课程,学生可以更好地把握税务筹划的法律边界,避免触犯法律法规的风险。

8.2.3　实践教学的强化

实践教学作为财税管理专业课程体系中不可或缺的一环,对于塑造学生的实践技能、激发创新思维具有举足轻重的作用。它不仅为学生提供了将理论知识转化为实际操作能力的平台,还促进了学生对专业领域的深入理解和全面把握,为未来的职业生涯奠定坚实的基础。

8.2.3.1　实习实训:搭建校企合作桥梁,深化实践体验

实习实训是实践教学体系中的核心组成部分,它通过建立与企业的紧密合作关系,为学生开辟了一条通往真实工作环境的通道。这种合作模式不限于传统的"学生到企业"的单向流动,而是涵盖了双向互动、深度融合的多维度合作机制。具体来说,通过与税务局、会计师事务所、企业财务部门等机构的合作,学校能够为学生提供一个贴近实际、充满挑战的学习环境。在这些实习实训基地中,学生不仅能够亲身参与到财税管理的日常工作中,如税务申报、财务报表编制、审计流程执行等,还能深入了解企业的运营模式、市场需求以及行业发展趋势。

实习实训的过程中,学生将面对真实的工作案例,体验从数据收集、分析到决策制定的全过程,这极大地增强了他们的实践操作能力和问题解决能力。同时,实习期间与职场人士的互动交流,也为学生提供了宝贵的人际交往和职业规划经验,帮助他们更好地适应未来的职场环境。此外,企业导师的指导反馈,作为学生实习表现的重要评价依据,不仅促进了学生自我认知的提升,也为学校教学质量的持续改进提供了有力支持。

8.2.3.2　案例分析:理论与实践的桥梁,培养批判性思维

案例分析作为一种高效的教学方法,其在财税管理专业实践教学中的应用,极大地丰富了学生的学习体验,促进了理论知识与实际工作的深度融合。通过精心挑选具有代表性的案例,如企业财务危机案例、税务筹划案例、税收争议解决案例等,教师引导学生深入分析案例背景、问题根源、决策过程及最终结果,鼓励学生运用所学知识,结合实际情况,提出创新性的解决方案。

案例分析的过程,实质上是一个从具体到抽象,再从抽象到具体的思维训练过程。它要求学生不仅要掌握扎实的理论基础,还要具备敏锐的问题意识、严谨的逻辑推理能力和创新的解决策略。通过案例分析,学生学会了如何从复杂多变的信息中提炼关键要素,如何评估不同决策方案的风险与

收益,以及如何在不确定的环境中做出合理判断。这些能力对于培养学生的批判性思维、提高决策效率和质量至关重要,也是未来财税管理专业人士不可或缺的核心竞争力。

8.2.3.3 模拟实验:科技赋能教学,提升实务操作能力

随着信息技术的飞速发展,模拟实验已成为财税管理专业实践教学的重要手段之一。利用先进的财务管理软件、税务模拟系统、在线经济决策平台等工具,学校能够构建出高度仿真的虚拟工作环境,让学生在无须承担实际风险的情况下,体验财税管理的全过程。这些模拟实验工具不仅涵盖了基础的账务处理、报表编制、税务申报等功能,还融入了高级的数据分析、风险管理、投资决策等模块,满足了不同层次学生的学习需求。

在模拟实验中,学生可以根据课程要求或个人兴趣,选择特定的角色和场景进行模拟操作。例如,在财务管理课程中,学生可以扮演财务总监的角色,负责公司的资金筹措、投资决策、成本控制等关键任务;在税法课程中,学生则可以模拟税务顾问,为客户设计合法的税务筹划方案,应对税务审计等挑战。通过反复的模拟练习,学生不仅熟悉了各类财务管理软件的操作流程,还提升了实务处理的速度和准确性,增强了应对复杂财税问题的能力。更重要的是,模拟实验为学生提供了一个安全、可控的学习环境,鼓励他们大胆尝试、勇于创新。在模拟过程中遇到的任何问题或错误,都可以作为宝贵的学习资源,帮助学生深刻理解财税管理的复杂性和不确定性,培养他们在面对真实工作挑战时的应变能力和解决问题的能力。模拟实验还促进了学生之间的团队合作和沟通协作能力。在模拟项目中,学生往往需要组成小组,共同完成任务。这要求他们不仅要具备个人专业技能,还要学会如何有效沟通、协调分工、共同决策,从而在实践中锻炼和提升了团队协作能力。

8.2.4 课程管理与评估的完善

课程管理与评估作为确保财税管理专业课程体系质量的核心环节,其重要性不言而喻。这一过程的科学实施,不仅关乎教学质量的稳步提升,还

直接影响到学生专业能力的培养和未来职业发展的竞争力。因此,建立一套系统、完善的课程管理与评估机制,对于财税管理专业教育而言至关重要。

8.2.4.1 建立课程标准:规范教学,提升质量

课程标准作为教学活动的基本框架和指南,为每门课程设定了清晰明确的目标、内容、教学方法和评估方式,是确保教育质量、促进学生全面发展的关键。在财税管理专业中,课程标准的建立更是一个复杂而细致的过程,需要充分考虑学科特点、行业需求以及学生发展需求等多方面因素,以确保教育内容与实际应用紧密相连,培养出既具备扎实理论基础又拥有实践操作能力的财税管理专业人才,见表8-2。

表8-2　课程标准

课程标准要素	具体内容	操作指南
课程目标	知识技能目标:掌握财税法规、会计学原理等基础知识,熟练会计软件操作等实践技能。专业素养目标:具备良好的职业道德、沟通协作能力,创新思维和持续学习习惯。学习成果目标:能够独立完成财税管理任务,具备研究和分析能力	明确列出学生需掌握的知识点和技能点;设定职业素养和综合素质的培养目标;规定具体、可衡量的学习成果标准
课程内容	基础理论部分:财税法规、会计学原理、财务管理基础等。实践技能部分:会计软件操作、税务申报流程、财务分析技巧等。案例分析部分:选取典型财税管理案例进行分析讨论	按照知识体系构建课程模块,确保内容全面;设计实践课程、实验课程和实习实训,强化技能训练;选取或编写案例分析教材,组织案例讨论课
教学方法	讲授法:系统讲解基础知识和理论框架。讨论法:组织课堂或小组讨论,激发兴趣,拓宽视野。案例分析教学法:通过案例分析培养问题解决能力和创新思维。模拟实验教学法:利用工具进行模拟实验,提高实践能力和应变能力	根据课程内容选择合适的教学方法;设计互动环节,鼓励学生积极参与;准备典型案例,引导深入分析;设置模拟实验任务,确保实践操作的规范性

续表 8-2

课程标准要素	具体内容	操作指南
评估方式	平时成绩:课堂提问、作业完成情况、课堂参与度。期中考试和期末考试:定期考试评估知识掌握程度。实践报告:评估实践能力和创新思维。项目展示:评估综合素质和团队协作能力	制定平时成绩评定标准,定期记录;设计期中、期末考试试卷,确保覆盖课程内容;规定实践报告的要求和评分标准;组织项目展示活动,制定评价标准

8.2.4.2 实施教学质量评估:了解现状,提供参考

教学质量评估是对教学活动进行定期检查和评价的过程,其核心目的在于全面了解学生的学习情况和教师的教学效果,为教学改进提供科学、有力的支持。在财税管理专业这一特定领域,教学质量评估不仅关乎学生的专业素养和实践能力的培养,还直接影响到教育资源的有效配置和教育目标的顺利实现。因此,构建一个全面、科学、有效的教学质量评估体系显得尤为重要。这一体系应涵盖多个关键方面,包括教学内容的前沿性、教学方法的适用性、学生学习成果的达成度等,以确保评估的全面性和准确性,见表 8-3。

表 8-3 教学质量评估表

评估环节	具体内容	操作指南
评估内容框架	教学内容的前沿性,课程大纲更新情况,教材选用情况,最新财税政策和理论融入情况,教学方法的适用性,教学方法多样性(讲授、讨论、案例分析、模拟实验等),激发学生学习兴趣和能力,与学生个体差异和学习风格匹配度,学生学习成果的达成度,考试成绩,实践报告,项目展示,毕业生跟踪调查及用人单位反馈	制定详细的评估标准,明确各项内容的评估要点;收集相关资料和数据,如课程大纲、教材目录、学生作品、考试成绩等;设计问卷或访谈提纲,用于收集学生、教师和专家的意见和建议;定期组织评估活动,确保评估的及时性和有效性

续表 8-3

评估环节	具体内容	操作指南
评估方法选择	学生评价:①问卷调查。设计问卷,涵盖课程内容、教学方法、教师态度等维度;匿名填写,确保真实性。②座谈会。定期组织,邀请学生代表参与;记录会议内容,整理反馈意见。 同行评价:①观摩教学。安排教师相互观摩课堂教学;观摩后进行讨论和交流,提出改进建议。②教学研讨。定期举办教学研讨会,围绕特定主题进行深入探讨;分享教学经验,交流教学心得。 专家评价:①课堂教学评价。邀请校外专家或教学督导员深入课堂进行评价;专家提出意见和建议。②课程设置评价。专家审视课程大纲、教材选用等方面;指出存在的问题和不足,提出改进建议。③教学管理评价。专家实地考察、查阅资料,了解教学管理现状;提供决策支持和改进方向	准备评估工具,如问卷、座谈会提纲、观摩教学记录表等;明确评估时间和地点,确保评估活动的顺利进行;组织评估人员,包括学生、教师和专家,确保评估的全面性和客观性;记录评估结果,整理反馈意见,为后续改进提供依据
评估结果反馈与应用	对教师的反馈与应用:分析评估结果,找出教学过程中的亮点和短板;制订改进计划,如加强理论学习、提高教学技能、改进教学方法等;将评估结果作为职业发展规划的参考依据。 对学生的反馈与应用:查看评估结果,了解自己的优势和不足;制订学习计划,如加强基础知识学习、提高实践技能训练等;将评估结果作为职业规划的参考依据。 对教学管理部门的反馈与应用:分析评估结果,了解课程设置、教学方法、教学资源等方面存在的问题;制定改进措施和政策,如调整课程设置、优化教学方法等;将评估结果作为教学质量监控和评估体系的重要组成部分	制定反馈机制,确保评估结果能够及时传达给相关人员;组织反馈会议或座谈会,讨论评估结果和改进措施;制订改进计划,明确责任人和时间节点;跟踪改进进展,定期评估改进效果,确保持续改进和提升

8.2.4.3 建立课程持续改进机制:适应变化,满足需求

经济社会的发展和财税管理实践的不断深入,对财税管理专业课程体系提出了更高的要求。财税管理作为经济管理的重要组成部分,其课程体系必须紧跟时代步伐,不断适应经济社会发展的新需求和财税管理实践的新变化。为了满足这些需求,必须建立课程持续改进机制,及时调整和优化课程体系,以确保培养出的财税管理人才具备扎实的专业知识、熟练的实践技能和良好的综合素质。这一机制应包括课程内容的更新、教学方法的创新、评估方式的完善等多个方面,以形成一个全方位、多层次、动态化的课程改进体系,见表8-4。

表8-4 课程持续改进机制

改进方面	具体内容	可操作性措施	实施方式
课程内容的更新	紧跟时代步伐,反映最新政策法规、理论实践成果和前沿领域发展(如国际税收、数字税务、绿色财税等)	定期审查并更新课程内容,确保与最新政策法规同步;引入行业专家进行前沿领域讲座;鼓励教师参与科研项目,将最新研究成果融入教学	设立课程内容更新小组,负责定期审查;邀请行业专家进行定期或不定期讲座;设立科研项目基金,鼓励教师参与
教学方法的创新	采用多样化、灵活化的教学方法,如翻转课堂、在线教学、混合式教学等,激发学生学习兴趣和积极性	培训教师掌握新型教学方法;建设在线教学平台,提供丰富的教学资源;设计混合式教学方案,结合线上线下优势	组织教师参加教学方法培训班;投入资金建设或升级在线教学平台;教师团队共同设计混合式教学方案
评估方式的完善	建立全面、客观、公正的评估体系,注重过程性评估、多元化评估和实践能力的考核	设计过程性评估指标,如课堂参与度、作业完成情况等;采用闭卷、开卷、论文、实践操作等多种评估方式;建立校企合作机制,提供实践机会并考核实践能力	教学管理部门设计评估指标;教师根据评估方式调整教学计划;与企业合作,建立实习基地

续表8-4

改进方面	具体内容	可操作性措施	实施方式
师资队伍的建设	加强教师专业培训,提高教学能力和专业素质,建立激励机制激发教师工作热情	定期组织教师培训课程;设立教学奖励,表彰优秀教师;鼓励教师参与学术交流,拓宽视野	学校或学院组织定期培训课程;设立教学奖励基金,定期评选;提供学术交流资金和支持
教学投入的增加	加大教学投入力度,改善教学条件和教学设施,确保教学资源的充足	编制教学投入预算,确保资金到位;更新教学设备,购置最新教学资料;建设或升级实训基地,提供实践环境	学校财务部门编制预算;采购部门负责设备更新和资料购置;学院或学校负责实训基地建设和升级
反馈机制的建立	建立有效的反馈机制,及时收集和处理学生、教师对课程体系的意见和建议,为课程改进提供依据	设立意见箱和在线反馈平台;定期开展问卷调查,收集学生和教师意见;组织座谈会,面对面交流意见和建议	教学管理部门设立意见箱和在线平台;定期组织问卷调查并分析结果;教学管理部门组织座谈会

8.3 财税管理人才的实践锻炼与职业发展路径

财税管理人才的实践锻炼与职业发展路径涉及多个方面,包括实践锻炼方式、职业发展阶段以及所需关键能力等。

8.3.1 实践锻炼方式

实践锻炼是财税管理人才成长与提升的必经之路,它通过多种方式帮助财税专业人士将理论知识与实际工作紧密结合,从而培养出既懂理论又善实践的复合型人才。下面将详细阐述几种主要的实践锻炼方式。

(1)实习实训。实习实训是财税管理人才获取初步实践经验的关键环节。在企业财务部门、税务部门或审计机构的实习过程中,财税管理专业的学生可以亲身体验到财税工作的日常运作和实际操作流程。他们将被安排参与日常的财务核算、税务申报、财务报表编制等工作,通过亲手操作,熟悉财务科目的运用,了解资产负债表、利润表、现金流量表这三大财务报表之间的内在联系。实习实训不仅要求学生完成指定的任务,还鼓励他们主动观察、学习和思考,将课堂所学理论知识应用于实际工作中,解决遇到的具体问题。这种理论与实践的紧密结合,有助于巩固和深化学生的专业知识,同时提升他们的动手能力和解决实际问题的能力。

(2)项目参与。除了实习实训,项目参与也是财税管理人才实践锻炼的重要方式。在实际工作中,财税部门经常会承担一些专项项目,如税务筹划项目、成本控制项目、财务流程优化项目等。通过参与这些项目,财税管理人才可以深入了解项目的整个实施过程,从项目立项、方案设计、执行实施到最终评估,每个环节都能让他们获得宝贵的实践经验。在项目参与过程中,他们需要运用所学知识解决实际问题,与团队成员紧密合作,共同完成项目目标。这种项目式的实践锻炼有助于提升财税管理人才的团队协作能力、项目管理能力和创新思维能力。

(3)案例研究与分析。案例研究与分析是财税管理人才提升专业素养和综合能力的重要途径。通过分析和研究财税管理案例,他们可以深入了解财税管理的复杂性和多样性,掌握财税问题的分析方法和解决思路。案例研究不仅要求学生具备扎实的专业知识,还需要他们具备较强的逻辑思维能力和创新能力。在分析案例的过程中,财税管理人才需要仔细研读案例背景资料,明确问题的性质和范围;运用所学知识对问题进行分析和判断,找出问题的关键点和难点;提出切实可行的解决方案,并对方案进行评估和优化。这种案例式的实践锻炼有助于培养财税管理人才的分析问题、解决问题的能力和创新思维。

8.3.2　职业发展阶段

财税管理人才的职业发展是一个循序渐进的过程,从初级阶段到顶尖阶段,每个阶段都有其特定的职责和能力要求。

(1)初级阶段。在初级阶段,财税管理人才主要负责日常财务核算、税务申报等基础工作。这是他们职业生涯的起点,也是积累基础经验和技能的重要阶段。在这个阶段,他们需要熟悉并掌握财务科目,了解资产负债表、利润表、现金流量表这三大财务报表之间的内在联系和编制方法。同时,他们还需要确保财务核算的准确、完整和及时,严格遵守财务法规和税收政策。通过日常工作的实践锻炼,财税管理人才可以逐步建立对财税工作的基本认识和操作技能。

(2)中级阶段。进入中级阶段后,财税管理人才需要具备一定的财务分析能力和业务支持能力。他们不再局限于日常的基础工作,而是需要从财务角度发现问题、解决问题,为企业的业务发展提供有力的支持。在这个阶段,他们需要深入了解企业的业务模式和市场环境,运用财务分析工具和方法对企业的财务状况和经营成果进行分析和评价。同时,他们还需要优化财务流程,提高工作效率和质量,降低企业的财务风险和成本。通过中级阶段的实践锻炼,财税管理人才可以逐步提升自己的专业素养和综合能力,为未来的职业发展打下坚实的基础。

(3)高级阶段。在高级阶段,财税管理人才需要具备全面的财务管理能力和风险控制能力。他们将成为企业财务部门的核心力量,负责企业的内控管理、税务筹划、预算和结算控制等工作。在这个阶段,他们需要建立完善的内部控制体系,确保企业财务活动的合规性和有效性;制定合理的税务筹划方案,降低企业的税负和税务风险;编制和执行预算计划,控制企业的成本和费用;进行结算控制,确保企业资金的安全和有效运用。同时,他们还需要为企业的战略决策提供有力的财务支持,为企业的长期发展贡献智慧和力量。通过高级阶段的实践锻炼,财税管理人才可以逐步成长为具有全局观念和战略眼光的高级财务管理人才。

(4)专家阶段及顶尖阶段。随着职业发展的深入,财税管理人才可能成为财税领域的专家或顶尖人才。在这个阶段,他们需要掌握丰富的融资手段和技巧,具备投资能力和水平,能够精通企业估值,深刻理解资本市场运作等。他们将成为企业财务战略的制定者和执行者,为企业的资本运作、并购重组、上市融资等重大决策提供专业的财务咨询和建议。同时,他们还需要关注财税政策的动态变化,及时调整企业的财务策略和税务筹划方案,确保企业的合规性和竞争力。在专家阶段及顶尖阶段,财税管理人才需要不断提升自己的专业素养和综合能力,保持对新技术、新理念的敏感性和洞察力,为企业的持续发展注入新的活力和动力。

8.3.3　所需关键能力

财税管理人才在实践中不仅需要积累丰富的经验,还需要具备一系列关键能力,以应对日益复杂多变的财税环境和企业需求。

(1)专业知识与技能。财税管理人才首先需要具备扎实的财税专业知识和技能。这是他们从事财税管理工作的基础,也是提升职业素养和竞争力的核心。在专业知识方面,他们需要深入掌握会计原理,理解会计准则和会计制度,能够准确地进行会计处理,确保财务信息的真实性和可靠性。同时,需要熟悉财务管理理论,了解企业资金运动规律,掌握财务决策、财务计划和财务控制的方法和技术。财税管理人才还需要全面了解国家税收政策,熟悉税法法规,能够准确地进行税务申报和税务筹划,降低企业税务风险。此外,他们还需要掌握审计学的基本原理和方法,能够对企业财务活动进行监督和评价,确保企业财务活动的合规性和有效性。除了专业知识,财税管理人才还需要具备一系列专业技能。例如,他们需要熟练掌握财务软件的操作和使用方法,提高财务工作的效率和准确性。他们还需要具备良好的文字表达能力和报告撰写能力,能够清晰地表达财务信息和分析结果,为企业管理层提供有价值的财务建议。同时,他们还需要具备一定的风险识别和评估能力,能够及时发现和应对企业面临的财务风险,确保企业财务安全。

(2)数据分析与决策能力。随着大数据和人工智能的快速发展,数据分析在财税管理中的重要性日益凸显。财税管理人才需要具备强大的数据分析与决策能力,能够利用先进的数据分析工具和技术,对企业海量的财务数据进行挖掘、整理和分析。他们需要从数据中提取有价值的信息,发现企业经营中的问题和潜在风险,为企业管理层提供数据支持和决策依据。数据分析能力不仅要求财税管理人才具备统计学和计算机科学的基础知识,还需要他们熟悉数据仓库、数据挖掘、机器学习等相关技术。同时,他们还需要具备良好的逻辑思维能力和创新思维,能够从不同的角度和层面去分析数据,发现数据背后的规律和趋势。在决策方面,财税管理人才需要结合企业实际情况和市场环境,运用数据分析结果,制定出科学合理的财务决策方案,为企业的战略发展提供有力支持。

(3)沟通与协作能力。财税管理人才在企业中扮演着重要的角色,他们需要与企业内部其他部门以及外部相关机构进行密切的沟通和协作。因此,具备良好的沟通与协作能力对于财税管理人才来说至关重要。在沟通能力方面,财税管理人才需要能够清晰地表达自己的观点和想法,确保信息的准确传递。他们还需要善于倾听他人的意见和建议,尊重他人的观点和想法,形成良好的沟通氛围。在协作方面,财税管理人才需要具备团队合作精神,能够与其他部门紧密合作,共同完成企业的财务目标。他们还需要具备良好的协调能力和应变能力,能够处理协作过程中出现的各种问题和矛盾,确保协作的顺利进行。财税管理人才还需要具备良好的跨文化沟通能力。在全球化背景下,企业越来越注重国际化发展,财税管理人才可能需要与来自不同文化背景的人员进行沟通和协作。因此,他们需要了解不同文化的差异和特点,尊重他人的文化习惯和价值观,以开放、包容的心态进行跨文化沟通。

(4)持续学习与创新能力。财税行业是一个不断发展变化的行业,新的财税政策、法规和技术不断涌现。财税管理人才需要具备持续学习与创新能力,以适应行业发展的需求。持续学习能力方面,财税管理人才需要保持对新知识、新技能的渴望和追求,不断更新自己的知识体系和技能结构。他们可以通过参加培训、研读专业书籍、关注行业动态等方式,不断拓宽自己的知识面和视野。同时,他们还需要具备自主学习和自我提升的能力,能够利用业余时间进行学习和充电,提高自己的专业素养和竞争力。在创新能力方面,财税管理人才需要具备创新思维和创新意识,能够敢于尝试新的方法和技术,解决财税管理中的问题和挑战。他们需要关注行业前沿动态和技术发展趋势,积极探索新的财税管理模式和方法,为企业的财务管理提供新的思路和方案。同时,他们还需要具备批判性思维和问题解决能力,能够对传统的财税管理理念和方法进行审视和思考,提出改进和优化建议。

第 9 章

数字财税的国际视野与合作

在全球化背景下,数字财税的国际合作与交流显得尤为重要。本章将分析数字经济全球税收治理的现状与挑战,探讨中国在数字经济全球税收治理中的角色与策略,以及数字经济时代财税管理的国际合作与交流机制,为构建国际税收新秩序提供思路。

9.1 数字经济全球税收治理的现状与挑战

9.1.1 数字经济全球税收治理的现状

在数字经济时代,全球税收治理面临着前所未有的挑战与机遇。随着技术的飞速发展,税收体系和管理方式也在发生深刻变革。其中,税收大数据的兴起、数字税的提出与实施以及国际税收规则的调整,成为当前数字经济全球税收治理的三大核心议题。

9.1.1.1 税收大数据的兴起

随着大数据技术的快速发展,税收大数据行业在全球范围内逐渐兴起,成为税收治理领域的一股新势力。大数据技术通过收集、整理、分析和挖掘各类税收数据,为税务部门提供了前所未有的信息支持,使其能够更精准地掌握企业的税收情况,提高税收征管效率。税收大数据的应用不局限于税务部门的税收征管和稽查工作。在税务咨询领域,税务顾问和律师利用税收大数据为客户提供更加精准和高效的税务筹划建议,帮助企业合理规避税收风险,优化税务结构。在税务审计领域,审计机构通过大数据分析技术,能够更快速地发现潜在的税务问题,提高审计效率和准确性。

税收大数据行业的应用范围广泛,涵盖了税务部门、税务咨询、税务审计等多个领域。随着技术的不断进步和应用场景的拓展,税收大数据市场规模也在持续扩大。据相关机构预测,到 2025 年,全球税收大数据市场规模有望达到数十亿美元,展现出巨大的市场潜力和发展前景。税收大数据的兴起,不仅提高了税收征管的效率和准确性,还为税务决策提供了更加科学、全面的数据支持。通过大数据分析,税务部门可以更加深入地了解企业的税收行为和经济活动,为制定更加合理的税收政策提供有力依据。同时,税收大数据还可以帮助税务部门及时发现和打击税收违法行为,维护税收秩序和公平正义。

9.1.1.2　数字税的提出与实施

在数字经济时代,跨国企业的税收问题日益凸显。传统税收原则"没有永久性设施就不征税"已经难以适应数字经济的快速发展。为此,数字税作为一种新的税收机制应运而生,允许对于在本国没有分支机构和工厂等实体基地的企业征税。数字税的提出和实施,是近一个世纪以来税收原则的一次重大变革。它旨在适应数字经济的不断发展,确保税收公平分配给各国。2023 年,日美欧中印等 138 个国家和地区签署了有关数字税的条约,共同应对跨国企业税收问题。这一举措旨在防止税收集中在 IT 大企业众多的国家,如美国,从而确保各国都能从数字经济中获得应有的税收收益。

欧盟作为数字税实施的先行者,已经推出了数字服务税。该税种主要针对在线广告、数字中介、用户数据销售等用户在价值创造中发挥主要作用的数字活动征税。通过征收数字服务税,欧盟旨在确保数字企业在其境内开展业务时,能够承担合理的税收义务,为欧盟成员国的公共财政做出贡献。数字税的提出和实施,不仅体现了各国对数字经济税收治理的关注和重视,也反映了全球税收体系在适应数字经济挑战方面的积极探索和创新。然而,数字税的实施也面临着诸多挑战和争议。例如,如何确定数字税的征税范围和税率?如何避免重复征税和税收歧视?这些问题都需要各国通过协商和合作来共同解决。

9.1.1.3　国际税收规则的调整

面对数字经济的挑战,国际税收规则正在进行调整和完善。OECD 作为国际税收合作的重要平台,提出了"双支柱"方案,旨在应对数字经济带来的税收挑战。

"双支柱"方案的第一支柱是增加市场国的征税权。在数字经济时代,跨国企业可以通过互联网等数字技术在全球范围内开展业务,而无须在各国设立实体机构。这导致传统税收原则难以适用,市场国难以对跨国企业征税。为此,OECD 提出增加市场国的征税权,使市场国能够根据跨国企业在其境内的经济活动征收相应的税收。"双支柱"方案的第二支柱是建立全球最低税制度。这一制度旨在确保大型跨国企业在每个辖区的有效税率都至少达到全球最低税率标准。通过设立全球最低税制度,可以防止跨国企业通过转移定价、资本弱化等手段逃避税收义务,确保各国都能从跨国企业的经济活动中获得应有的税收收益。

各国和地区都在期盼 OECD 的全球数字税协议达成共识。这一协议不仅关乎各国的税收利益,也关乎全球税收体系的稳定性和公平性。然而,全球数字税协议的达成并非易事。各国在税收利益、税收原则等方面存在分歧和争议,需要通过协商和妥协来共同解决。同时,全球数字税协议的实施也需要各国加强合作和协调,确保协议的有效执行和监督。

9.1.2　数字经济全球税收治理的挑战

随着数字经济的蓬勃发展,全球税收治理面临着前所未有的挑战。数字经济的特性,如跨越国界、无形资产的重要性提升、交易方式的变革等,都对传统的税收体系和管理方式提出了新的要求。

9.1.2.1　税收管辖权的确定

在数字经济时代,企业通过互联网平台提供服务、销售商品,甚至完成资金交付,这些活动都不再受地域限制。这种跨越国界的特性使得传统基于物理存在的税收管辖权确定方式变得不再适用。例如,一家跨国电商企业可能在全球多个国家和地区拥有大量用户,但其实际运营可能只集中在几个甚至一个数据中心。这种情况下,如何确定税收管辖权成为一个难题。传统上,税收管辖权通常基于企业的物理存在,如工厂、办公室或分支机构等。然而,在数字经济中,企业的运营和交易往往通过数字平台进行,没有实体存在。这就引发了税收管辖权归属的争议。一些国家主张根据企业的数字活动或其用户所在地来确定税收管辖权,而另一些国家则坚持传统的物理存在原则。这种争议不仅影响了税收的公平性和效率,还可能导致国际税收冲突和双重征税的问题。数字经济的全球化特性也使得税收管辖权的确定更加复杂。跨国企业可能在不同国家开展业务,但其在各国的税收义务和责任却难以明确划分。这就需要各国税务部门加强合作和协调,共同应对数字经济带来的税收管辖权挑战。

9.1.2.2 税基侵蚀和利润转移

数字经济中,无形资产的重要性日益凸显。品牌、专利、数据、算法等无形资产成为企业竞争力的核心。然而,这些无形资产的价值衡量和税收处理却给国际税收规则带来了巨大挑战。无形资产的价值往往难以准确评估,且易于转移和隐藏,这就为跨国企业提供了避税的机会。

跨国企业可能利用无形资产转让定价、利润转移等方式进行避税。他们可能通过关联交易将利润转移到低税率国家,从而减少在高税率国家的税收负担。这种行为不仅导致了税基侵蚀,还破坏了税收的公平性和稳定性。为了应对这一问题,各国税务部门需要加强国际合作,共同打击跨国企业的避税行为。同时,国际税收规则也需要不断更新和完善,以适应数字经济中无形资产的发展需求。例如,可以建立更加科学合理的无形资产价值评估体系,明确无形资产的税收处理原则和方法,从而确保税收的公平性和效率。

9.1.2.3 税收征管的难度增加

数字经济具有流动性、协同性和动态性等特点,这使得税收征管变得更加困难。传统的税收征管方式已经难以适应数字经济的发展需求。例如,跨境电子商务的兴起使得商品和服务的交易变得更加便捷和频繁,但同时也给税收征管带来了巨大挑战。

跨境交易往往涉及多个国家和地区的税收规则,如何确定交易的真正发生地、如何划分各国之间的税收利益成为难题。在数字经济中,交易可能通过数字平台进行,且交易双方可能位于不同国家。这就使得税务部门难以准确追踪和监管交易行为,从而导致了税收漏征和逃税的问题。为了应对这一挑战,各国税务部门需要加强国际合作和信息共享,通过建立跨境税收征管合作机制,共同打击跨境逃税和避税行为。同时,还需要加强税收征管技术的研发和应用,提高税收征管的效率和准确性。数字经济中的新兴业态和商业模式也给税收征管带来了新的挑战。例如,共享经济、平台经济等新兴业态的税收处理方式和政策尚不完善,需要税务部门不断探索和创新。

9.1.2.4　税收治理结构的不平衡

数字经济迅猛发展所带来的税收治理结构不平衡问题也日益凸显。传统经济模式下形成的税收治理结构已经难以适应数字经济的发展需求。在数字经济中,一些国家和地区可能因为拥有先进的数字技术和庞大的数字市场而成为税收的"赢家",而另一些国家和地区则可能因为数字技术落后或数字市场规模小而成为税收的"输家"。

这种税收治理结构的不平衡可能导致国际税收冲突和摩擦。一些国家可能为了吸引数字企业和外来投资而降低税率或提供税收优惠,从而加剧了税收竞争和不平衡。为了应对这一问题,各国需要加强国际合作和协调,共同构建更加公平、合理和稳定的税收治理结构。同时,还需要加强全球税收治理体系的建设和完善。通过建立全球税收治理机构和机制,加强各国之间的税收合作和信息共享,共同应对数字经济带来的税收挑战。此外,还需要加强对发展中国家和地区的税收支持和技术援助,帮助他们提高税收征管能力和水平。

9.1.2.5　税收治理制度的不完善

数字经济催生的新型业态中呈现出合同签订模式多、服务形式杂糅混合、产业价值链条更加复杂等特征,这使得现行税收政策出现空白。例如,在新型业态下,增值税税率如何确定以及发票管理政策都存在空白。增值税作为间接税的主要税种,在数字经济中面临着诸多挑战。一方面,数字产品和服务的交易方式多样且复杂,难以准确确定增值税的征税范围和税率;另一方面,数字交易往往涉及多个环节和参与者,发票管理和抵扣链条也变得更加复杂。此外,个人所得税实行的是综合与分类相结合的税制模式,也需要明确纳税人的收入来源和性质。在数字经济中,个人的收入来源和性质变得更加多样化和模糊化。例如,网络直播、短视频创作等新兴职业的收入如何纳税?跨境电商平台上的个人卖家如何申报和缴纳税款?这些问题都需要税务部门不断探索和完善税收政策。

　　为了应对这些挑战,税务部门需要加强税收政策的研究和制定工作。通过深入调研和分析数字经济的特点和规律,制定更加科学合理、适应数字经济发展需求的税收政策。同时,还需要加强税收政策的宣传和培训力度,提高纳税人的税收遵从度和满意度。

9.2　中国在数字经济全球税收治理中的角色与策略

9.2.1　中国在数字经济全球税收治理中的角色

　　随着数字经济的迅猛发展,全球税收治理面临着前所未有的挑战和机遇。中国作为世界第二大经济体和数字经济大国,在全球税收治理中扮演着举足轻重的角色。

9.2.1.1　全球税收治理的重要参与者

　　中国作为世界第二大经济体,其经济实力和国际影响力日益增强,这使得中国在全球税收治理中的地位愈发凸显。中国积极参与国际税收规则的制定和讨论,为构建公平、公正、透明的国际税收体系贡献中国智慧和中国方案。

　　在全球税收治理的舞台上,中国始终秉持开放、合作、共赢的原则,积极参与国际税收组织的活动和会议。例如,中国是 OECD 税收政策与管理中心的重要成员,积极参与 OECD 关于国际税收规则的制定和讨论。在 G20

等国际多边机制中,中国也积极倡导加强国际税收合作,共同应对数字经济带来的税收挑战。中国不仅在国际税收规则的制定中发挥着积极作用,还在国内税收制度的改革和完善中不断探索和创新。中国税务部门积极推动税收现代化建设,加强税收征管能力和水平,为国际税收合作提供了有力支撑。同时,中国还积极与其他国家签订税收协定,加强双边和多边税收合作,为构建国际税收新秩序做出了重要贡献。中国还积极参与全球税收治理的议题设置和议程推动。中国主张加强国际税收合作,共同应对税基侵蚀和利润转移等全球性问题。中国提出的"一带一路"倡议,也为全球税收治理提供了新的合作平台和机遇。通过这些倡议和行动,中国不断推动全球税收治理向更加公平、公正、透明的方向发展。

9.2.1.2　数字经济税收规则的推动者

面对数字经济带来的税收挑战,中国积极推动数字经济税收规则的制定和完善。中国深知,数字经济作为新兴的经济形态,其税收规则的制定和完善对于维护各国税收权益、促进全球经济健康发展具有重要意义。

中国主张加强国际合作,共同应对数字经济带来的税基侵蚀和利润转移等问题。中国积极参与 OECD 关于数字经济税收规则的谈判和讨论,提出了许多建设性的意见和建议。中国认为,数字经济税收规则的制定应该遵循公平、公正、透明的原则,确保各国税收权益得到合理保障。在推动数字经济税收规则制定的过程中,中国还注重与其他国家的沟通和协调。中国积极与其他发展中国家开展对话和交流,共同探讨数字经济税收规则的制定和完善方向。同时,中国也与发达国家保持密切沟通,寻求在数字经济税收规则上的共识和合作。中国还在国内积极推动数字经济税收政策的改革和完善。中国税务部门加强对数字经济税收政策的研究和探索,不断完善数字经济税收征管体系和制度。通过这些努力,中国为数字经济税收规则的制定和完善提供了有力支撑和借鉴。中国还积极推动数字经济税收技术的研发和应用。中国税务部门加强与科技企业的合作和交流,共同探索数字经济税收技术的创新和应用方向。通过引入人工智能、大数据等先进技术手段,中国不断提高数字经济税收征管的效率和准确性,为数字经济税收规则的制定和完善提供了技术保障。

9.2.1.3　发展中国家利益的代表者

中国作为发展中国家,在全球税收治理中积极代表发展中国家的利益。中国深知发展中国家在全球经济中的地位和作用,也深知发展中国家在数字经济税收规则制定中面临的挑战和困难。因此,中国主张在数字经济税收规则的制定中充分考虑发展中国家的实际情况和需求。中国认为,数字经济税收规则的制定应该遵循公平、公正、合理的原则,确保发展中国家能够平等参与并受益于数字经济带来的发展机遇。

为了维护发展中国家的利益,中国积极参与国际税收组织的活动和会议,为发展中国家发声。中国提出了一系列关于数字经济税收规则的建议和主张,旨在促进发展中国家与发达国家之间的税收合作和交流。同时,中国还积极为发展中国家提供税收技术援助和培训支持,帮助它们提高税收征管能力和水平。中国还通过与其他发展中国家的双边和多边合作机制,共同推动数字经济税收规则的制定和完善。中国与发展中国家开展税务对话和交流,共同探讨数字经济税收规则的制定方向和实施路径。通过这些合作和努力,中国为发展中国家在数字经济全球税收治理中的权益和利益提供了有力保障和支持。

9.2.2　中国在数字经济全球税收治理中的策略

随着数字经济的蓬勃发展,全球税收治理面临着前所未有的挑战。中国作为世界第二大经济体和数字经济大国,积极应对这些挑战,提出并实施了一系列策略,以在全球税收治理中发挥积极作用。

9.2.2.1　加强国际合作,共同制定国际税收规则

中国积极参与国际税收规则的制定和讨论,致力于与其他国家和地区共同应对数字经济带来的税收挑战。在尊重各国税收主权的基础上,中国主张加强国际合作,通过多边和双边机制,共同制定和完善国际税收规则。

中国积极参与 OECD、联合国等国际组织的税收议题讨论,为国际税收规则的制定贡献中国智慧。在 OECD 主导的税基侵蚀和利润转移(BEPS)项目中,中国积极参与并贡献了自己的力量。同时,中国还与其他国家和地区

就数字经济税收问题开展广泛对话和交流,寻求共识,推动形成公平、公正、合理的国际税收规则。中国还倡导建立更加包容性的国际税收规则制定机制,确保发展中国家的声音得到充分听取和尊重。中国认为,国际税收规则的制定应该充分考虑各国的经济发展水平、税收制度和税收征管能力等因素,确保规则的可行性和有效性。

9.2.2.2 推动数字经济税收规则的落地实施

中国不仅积极参与国际税收规则的制定,还积极推动这些规则的落地实施。中国加强与其他国家和地区的税收合作,共同打击跨境逃税避税行为,维护各国税收权益。中国与其他国家和地区签订了众多双边或多边税收协定,加强税收信息交换和协助征税等方面的合作。这些协定为中国与其他国家之间的税收合作提供了法律基础,有助于打击跨境逃税避税行为。同时,中国还积极参与全球税收征管合作机制的建设,如加入《多边税收征管互助公约》等,加强与其他国家在税收征管方面的合作。中国还积极推动数字经济税收规则的宣传和培训。中国税务部门通过举办研讨会、培训班等方式,提高企业对数字经济税收规则的认识和遵守意识。这有助于确保数字经济税收规则的顺利实施,维护税收公平和正义。

9.2.2.3 完善国内税收制度,适应数字经济发展需求

为了适应数字经济的发展需求,中国不断完善国内税收制度,加强对数字经济新业态的税收征管。中国税务部门密切关注数字经济的发展动态,及时研究并出台相关税收政策,确保税收征管的公平性和有效性。例如,针对电子商务、网络直播等数字经济新业态,中国税务部门出台了相应的税收政策和管理措施。这些政策既考虑了数字经济的特殊性,又遵循了税收公平原则,确保了税收征管的合法性和合理性。同时,中国还积极推动税收征管方式的创新,利用大数据、云计算等现代信息技术手段提高税收征管效率。

中国税务部门通过建设电子税务局、推广线上办税等方式,为纳税人提供更加便捷、高效的税收服务。这些创新举措不仅提高了税收征管效率,还减轻了纳税人的负担,提升了纳税人的满意度和遵从度。

9.2.2.4 积极参与全球税收治理体系改革

中国积极参与全球税收治理体系改革,推动构建更加公平、公正、透明的国际税收体系。中国认为,现有的国际税收体系已经难以适应数字经济的发展需求,需要进行改革和完善。

中国主张在数字经济税收治理中加强国际合作,共同应对税基侵蚀和利润转移等问题。中国认为,这些问题不仅损害了各国的税收权益,还破坏了国际税收秩序和公平竞争环境。因此,中国积极参与国际税收合作,与其他国家共同打击跨境逃税避税行为,维护国际税收秩序和公平竞争环境。同时,中国还积极推动全球税收治理体系的民主化、法治化进程。中国认为,全球税收治理体系应该遵循民主、法治的原则,确保各国平等参与决策过程,保障各国的合法权益。为此,中国积极参与国际税收组织的改革和完善工作,推动建立更加公正、透明的决策机制。

9.2.2.5 加强税收征管国际合作,共同打击跨境逃税避税行为

中国深知跨境逃税避税行为对各国税收权益的损害以及对国际税收秩序的破坏作用,因此加强与其他国家和地区的税收征管国际合作,共同打击这类行为。

中国与其他国家和地区签订了众多税收协定,加强税收信息交换和协助征税等方面的合作。这些协定为中国与其他国家之间的税收合作提供了法律保障,有助于打击跨境逃税避税行为。同时,中国还积极参与国际税收合作机制的建设和完善工作,如加入全球税收论坛等组织,加强与其他国家在税收征管方面的沟通和协调。中国还不断加强自身税收征管能力建设。中国税务部门通过加强人员培训、提高技术水平等方式,提升税收征管能力和效率。这有助于中国更好地履行国际税收合作义务,为打击跨境逃税避税行为做出更大贡献。

9.3 数字经济时代财税管理的国际合作与交流

在数字经济时代,财税管理的国际合作与交流显得尤为重要。随着全

球经济的数字化进程加速,传统的财税管理模式面临诸多挑战,需要各国通过国际合作与交流,共同探索适应数字经济的财税管理体系。

9.3.1　国际税收规则的重塑与协调

9.3.1.1　"双支柱"方案的推进

在数字经济时代,跨国企业的利润分配和税收问题日益凸显,成为全球关注的焦点。为了有效解决数字经济带来的税基侵蚀和利润转移问题,OECD 提出了具有创新性的"双支柱"国际税改方案。这一方案得到了包括中国在内的众多国家的积极支持和推动。

支柱一的核心在于重新分配大型跨国企业的剩余利润,确保市场国能够根据其经济活动实际获得的份额来征税。这一举措旨在纠正当前国际税收体系中存在的利润分配不均问题,使税收更加公平合理。支柱二则通过设立全球最低税率,有效防止跨国企业利用低税地进行避税。这一税率的设定将有助于消除税收竞争中的不公平现象,维护全球税收秩序的稳定。中国作为全球经济的重要参与方,深知"双支柱"方案对于维护国际税收公平、促进全球经济稳定发展的重要意义。因此,中国积极参与方案的讨论和制定过程,为推动方案的实施贡献了自己的力量。同时,中国也在国内积极准备,以确保"双支柱"方案能够在中国得到有效落实。

9.3.1.2　国际税收规则的协调与统一

在数字经济时代,跨国企业的交易模式和利润来源日益复杂多样,这给国际税收规则的制定和执行带来了巨大挑战。为了应对这一挑战,各国需要通过国际合作,协调并统一国际税收规则,以确保税收征管的公平性和有效性。

中国作为负责任的大国,积极参与国际税收规则的制定和协调工作。在税收管辖权方面,中国主张各国应尊重彼此的税收主权,通过协商解决税收管辖权冲突问题。在税收优惠政策方面,中国倡导各国应遵循公平、透明、非歧视的原则,避免恶性税收竞争。在反避税措施方面,中国积极与其他国家分享经验,共同研究制定有效的反避税措施,打击跨境逃税避税行为。通过积极参与国际税收规则的制定和协调工作,中国为推动构建更加公平、公正、透明的国际税收体系做出了重要贡献。同时,中国也加强了与其他国家在税收征管方面的合作与交流,共同应对数字经济时代带来的税收挑战。

9.3.2　税收信息共享与反避税合作

9.3.2.1　税收信息共享机制的建立

为了有效打击跨境逃税避税行为,各国需要加强税收信息共享,提高税收征管的透明度和效率。为此,国际社会建立了一系列税收信息共享机制,如《多边税收征管互助公约》和《共同申报准则》(Common Reporting Standard,CRS)等。中国积极参与这些国际税收信息交换协议,与其他国家和地区共享税收信息。通过 CRS 机制,中国与其他签约国定期交换居民金融账户信息,有效打击了跨境逃税避税行为。同时,中国还加强了与其他国家在税收征管方面的互助合作,共同提高税收征管的效率和准确性。税收信息共享机制的建立,不仅有助于各国更好地掌握跨国企业的税收情况,防止税收流失,还有助于提升国际税收征管的公平性和透明度。中国将继续积极参与国际税收信息交换合作,为推动构建更加公平、公正的国际税收体系贡献力量。

9.3.2.2　反避税合作的加强

在数字经济时代,跨国企业的避税手段日益复杂多样,给各国税收征管带来了巨大挑战。为了有效应对这一挑战,各国需要加强在反避税领域的合作,共同研究制定有效的反避税措施。

中国深知反避税合作的重要性,因此加强了与其他国家和地区在反避税领域的合作。中国与其他国家共同研究数字经济时代的避税新手段,如通过数字平台进行的跨境交易、利用税收协定漏洞进行的避税等。针对这些新手段,中国与其他国家共同制定了相应的反避税措施,如加强税收征管、完善税收法规、提高税收透明度等。同时,中国还积极参与国际反避税组织的活动,如 OECD 的税收政策与管理中心的活动,与其他国家分享反避税经验,共同提高反避税能力。通过这些合作,中国不仅提升了自身的反避税水平,还为推动国际反避税合作做出了积极贡献。中国还加强了与发展中国家在反避税领域的合作。发展中国家由于税收征管能力相对较弱,往往更容易成为跨国企业避税的目标。因此,中国通过提供技术援助、培训税务官员等方式,帮助其他发展中家提高反避税能力,共同维护国际税收秩序的稳定。

9.3.3　数字税制的创新与完善

9.3.3.1　数字税制的探索与建立

数字经济时代,新的商业模式和交易方式如雨后春笋般涌现,给传统税制带来了前所未有的挑战。为了应对这些挑战,各国开始积极探索建立适应数字经济的税制。中国作为数字经济大国,积极参与国际社会对数字税制的讨论和研究,致力于推动国内税制改革和创新。

在数字税制的探索过程中,中国密切关注国际先进经验,研究各国在数字税制方面的做法和成效。例如,一些国家已经开始对跨境电商、数字平台等数字经济领域实施特定的税收政策,以确保税收的公平性和有效性。中国积极借鉴这些经验,结合本国实际情况,逐步推动数字税制的建立和完善。具体来说,中国在数字税制方面的探索包括但不限于对数字经济领域的新业态、新模式进行税收界定和分类,研究数字经济的税收征管方式和手段,以及探索如何利用大数据、云计算等现代信息技术手段提高税收征管的效率和精准度。通过这些探索,中国逐步形成了适应数字经济的税制框架,为数字经济的健康发展提供了有力的税收保障。同时,中国还积极参与国际社会对数字税制的讨论和协商,与其他国家共同研究数字税制的建立和完善问题。在国际合作与交流的过程中,中国不断吸收和借鉴国际先进经验,推动国内税制改革和创新的深入进行。

9.3.3.2　数字税制的国际协调

在探索建立数字税制的过程中,各国需要加强国际协调,确保税制的一致性和公平性。数字经济是全球性的经济形态,各国在数字税制方面的政策和做法需要相互协调,以避免出现税收竞争和税收歧视现象。

中国积极参与国际社会对数字税制的国际协调,推动各国在数字经济税收政策、税收征管等方面达成共识。中国主张各国应遵循公平、公正、透明的原则,共同制定适应数字经济的国际税收规则。同时,中国还倡导各国应加强税收信息共享和合作,共同打击跨境逃税避税行为,维护国际税收秩序的稳定。在国际协调的过程中,中国积极参与国际税收组织的活动,与其他国家共同研究数字税制的国际协调问题。中国还与其他国家签订了税收协定,加强在数字经济领域的税收合作与交流。通过这些努力,中国为推动数字税制的国际协调做出了积极贡献。中国还积极参与国际社会对数字税制改革的讨论和协商,推动各国在数字税制改革方面达成共识。中国主张各国应顺应数字经济发展的趋势,积极推动税制改革和创新,为数字经济的健康发展提供有力的税收保障。同时,中国还倡导各国应加强在数字税制改革方面的合作与交流,共同分享改革经验和成果。

9.3.4 财税管理技术的合作与创新

9.3.4.1 财税管理技术的交流与合作

在数字经济时代,财税管理技术日新月异,为税收征管带来了新的机遇和挑战。为了适应这一变化,各国需要加强国际合作与交流,共同推动财税管理技术的创新和应用。中国积极参与国际社会对财税管理技术的交流与合作,致力于引进先进的财税管理技术和管理经验,提高国内财税管理的效率和水平。

在交流与合作的过程中,中国积极与国际税收组织、其他国家以及跨国企业等开展合作,共同研究财税管理技术的最新发展动态和应用前景。通过参与国际会议、研讨会等活动,中国及时了解国际财税管理技术的最新进展和趋势,为国内的财税管理技术创新和应用提供了有益的参考和借鉴。同时,中国还积极引进国际先进的财税管理技术和管理经验。例如,一些国家在税收征管方面采用了大数据、云计算等现代信息技术手段,提高了税收征管的效率和精准度。中国积极学习这些先进经验,结合本国实际情况,逐步推动财税管理技术的创新和应用。中国还加强了与其他国家在财税管理技术方面的合作与交流。通过与国际税收组织合作开展项目、与其他国家签订合作协议等方式,中国与其他国家共同研究财税管理技术的创新和应用问题。这些合作与交流不仅促进了中国财税管理技术的提升,也为国际财税管理技术的创新和发展做出了贡献。

9.3.4.2 财税管理技术的创新与应用

在国际合作与交流的基础上,中国积极推动财税管理技术的创新与应用。随着大数据、云计算、人工智能等现代信息技术手段的不断发展,中国开始将这些技术应用于财税管理领域,优化财税管理流程,提高税收征管的精准度和效率。具体来说,中国在财税管理技术方面的创新包括但不限于:利用大数据技术进行税收数据分析、预测和监控,提高税收征管的针对性和有效性;利用云计算技术构建税收征管云平台,实现税收征管的信息化和智能化;利用人工智能技术辅助税收征管决策,提高税收征管的科学性和合理性。

通过这些创新举措,中国逐步形成了适应数字经济的财税管理体系。这一体系不仅提高了税收征管的效率和精准度,还为纳税人提供了更加便捷、高效的税收服务。同时,这一体系还为中国的税收征管工作提供了有力的技术支撑和保障。中国还积极推动财税管理技术的应用与推广,通过举办培训班、开展宣传活动等方式,中国加强了对财税管理技术的普及和推广工作。这些工作不仅提高了税务工作者的财税管理技术水平和应用能力,还增强了纳税人对财税管理技术的认知和接受程度。

值得一提的是,中国在推动财税管理技术创新与应用的过程中,还注重保护纳税人的合法权益和隐私安全。中国严格遵守相关法律法规和规定,确保财税管理技术的创新与应用不会侵犯纳税人的合法权益和隐私安全。同时,中国还加强了对财税管理技术的监管和管理力度,确保技术的合法性和合规性。

9.3.5 国际税收争议的解决与协调

9.3.5.1 国际税收争议的解决机制

在数字经济时代,跨国企业的业务活动跨越国界,税收争议也随之增多。这些争议可能涉及税收管辖权的划分、转让定价的调整、反避税措施的实施等多个方面。为了有效解决这些争议,各国需要通过国际合作,建立有效的国际税收争议解决机制。

中国积极参与国际社会对国际税收争议解决机制的讨论和研究,推动各国在税收争议解决方面达成共识。目前,国际税收争议解决机制主要包括相互协商程序和仲裁机制。相互协商程序是各国税务机关之间通过协商方式解决税收争议的主要途径,它具有灵活性高、成本低、效率高等优点。而仲裁机制则是在相互协商程序无法达成一致时,通过第三方仲裁机构进行裁决的一种方式。中国积极参与国际税收争议解决机制的建设和完善,与多个国家签订了税收协定,并明确了相互协商程序的具体规定。同时,中国积极参与国际税收仲裁机制的研究和讨论,推动仲裁机制在解决国际税收争议中发挥更大作用。中国加强了与国际税收组织的合作,如 OECD 等,共同研究国际税收争议解决机制的最佳实践和经验教训。通过这些努力,中国为推动国际税收争议解决机制的建设和完善做出了积极贡献。

9.3.5.2 国际税收争议的协调与处理

在国际税收争议发生时,需要各国通过国际合作,协调处理争议,以维护国际税收秩序和各国税收权益。中国积极参与国际社会对国际税收争议的协调与处理,通过友好协商和谈判,妥善解决税收争议。

中国在处理国际税收争议时,始终坚持平等互利、协商一致的原则。中国与多个国家建立了税收对话机制,通过定期沟通和交流,及时解决税收争议问题。同时,中国还积极参与国际税收争议调解和仲裁工作,为争议双方提供公正、合理的解决方案。中国还加强了与国际税收组织的合作,共同研究国际税收争议的协调与处理方法。中国积极参与国际税收争议解决案例的分享和交流,通过借鉴国际先进经验和实践做法,提高国内税收争议处理的能力和水平。

9.3.6　国际合作与交流平台的构建

9.3.6.1　多边合作机制的建立

为了加强国际合作与交流,应对数字经济时代带来的税收挑战,各国需要共同建立多边合作机制。中国积极参与国际税收多边合作机制的建立,如金砖国家税务局长会议、G20 税务局长会议等。

金砖国家税务局长会议是金砖国家税务机关之间加强合作与交流的重要平台。中国作为金砖国家之一,积极参与会议的筹备和组织工作,与其他金砖国家共同推动国际税收合作与交流。在会议上,各国税务机关就税收征管、税收政策、反避税合作等方面进行深入探讨和交流,共同寻求解决方案和合作途径。G20 税务局长会议则是全球范围内税务机关之间加强合作与交流的重要机制。中国作为 G20 成员之一,积极参与会议的讨论和决策过程,为推动全球税收治理体系的完善和发展做出贡献。在会议上,各国税务机关就国际税收规则制定、税收征管改革、税收信息交换等方面进行广泛讨论和协商,共同推动国际税收合作与交流深入进行。除了金砖国家税务局长会议和 G20 税务局长会议外,中国还积极参与其他国际税收多边合作机制的建设和完善,如亚洲税收管理与研究组织、税收透明度与信息交换全球论坛等。通过这些多边合作机制,中国与其他国家和地区共同推动国际税收合作与交流,为应对数字经济时代的税收挑战提供有力支持。

9.3.6.2　双边合作协议的签订

在多边合作机制的基础上,中国还积极与其他国家和地区签订双边合作协议,加强双边税收合作与交流。通过签订双边合作协议,中国与其他国家和地区在税收征管、税收信息交换、反避税合作等方面达成共识,共同推动国际税收合作与交流。双边合作协议是两国税务机关之间加强合作与交流的重要法律基础。中国在与各国签订双边合作协议时,始终坚持平等互利、协商一致的原则,确保协议的公正性和合理性。协议内容通常包括税收征管合作、税收信息交换、反避税合作、税务人员培训等方面。通过签订双边合作协议,中国与其他国家和地区建立了更加紧密的税收合作关系。各国税务机关在协议框架下加强沟通和交流,共同应对税收挑战和问题。同时,双边合作协议还为税务人员提供了更多的培训和学习机会,提高了税务人员的专业素质和能力水平。

9.3.7 人才培养与交流

9.3.7.1 财税管理人才的培养

在数字经济时代,财税管理人才的培养显得尤为重要。随着税收法规和政策的不断更新和完善,以及税收征管手段的不断创新和发展,对财税管理人员的专业素质和能力水平提出了更高要求。中国积极参与国际社会对财税管理人才的培养与交流工作,通过举办培训班、研讨会等方式,提高国内财税管理人才的素质和能力。这些培训班和研讨会通常邀请国际知名专家和学者进行授课和指导,为学员提供最新的税收理论和实践经验。同时,中国还加强了与高校和研究机构的合作,共同推动财税管理人才的培养工作。通过与高校合作开设相关课程和专业方向,为培养更多具备国际视野和专业素质的财税管理人才提供有力支持。此外,中国还积极参与国际税收组织的人才培养项目,如 OECD 的税收教育与培训项目等,为国内财税管理人员提供更多的学习机会和交流平台。

9.3.7.2 国际财税管理人才的交流

在培养国内财税管理人才的同时,中国还积极引进国际财税管理人才,加强与国际财税管理人才的交流与合作。通过引进国际财税管理人才,中国可以借鉴国际先进经验和实践做法,推动国内财税管理的创新和发展。中国积极参与国际财税管理人才的交流工作,通过组织国际会议、研讨会等活动,邀请国际知名专家和学者来华交流和访问,为国内财税管理人员提供与国际同行交流的机会和平台。同时,中国还鼓励国内财税管理人员参加国际税收组织举办的培训和研讨会等活动,拓宽国际视野和增进国际交流。中国还加强了与国际税收组织的合作与交流,共同推动国际财税管理人才的培养和发展。通过与国际税收组织合作开展人才培养项目、共享培训资源等方式,为中国培养更多具备国际视野和专业素质的财税管理人才提供有力支持。

第 10 章

数字经济时代财税管理的新趋势

随着技术的不断进步和应用的深入,财税管理将迎来新的发展机遇。本章将展望数字经济时代财税管理的新趋势,探讨财税管理在数字经济时代的创新方向,以及财税管理与人工智能、区块链等前沿技术的融合,为财税管理的未来发展描绘蓝图。

10.1 财税管理在数字经济时代的创新方向

在数字经济时代,信息技术的飞速发展正以前所未有的方式重塑着商业环境,传统的财税管理模式已逐渐显露出其局限性,难以全面适应这一新经济形态和日益多元化的市场需求。面对这一挑战与机遇并存的局面,财税管理必须积极寻求创新,以更加灵活、高效的方式应对数字经济带来的变革。

10.1.1 数字化转型与智能化升级

在数字经济的大潮中,财税管理的数字化转型与智能化升级成了不可逆转的趋势,这不仅是对传统管理模式的革新,更是对未来发展路径的积极探索。

10.1.1.1 建设财务共享服务中心

财务共享服务中心作为数字化转型的重要里程碑,其核心在于通过集中化、标准化的财务处理流程,实现财务资源的优化配置和高效利用。在数字经济时代,这一中心的功能得到了极大的拓展和深化。它不再局限于基本的会计核算和资金支付等基础性工作,而是借助大数据、人工智能等前沿技术,对财务信息进行实时分析、预测,为企业的战略决策提供强有力的支持。这种转变不仅提升了财务处理的效率和准确性,还使得财务部门能够更快速地响应市场变化,为企业的敏捷决策提供数据支撑。

财务共享服务中心的建设,还促进了财务流程的标准化和自动化,减少了人为干预,降低了操作风险。通过统一的平台进行数据处理,确保了数据的一致性和可比性,为企业的财务管理提供了更加可靠的基础。同时,共享服务中心还能够通过数据分析,发现潜在的财务风险,提前预警,帮助企业及时采取措施,避免损失。

10.1.1.2 应用智能财务机器人

智能财务机器人的出现,是财税管理智能化升级的重要标志。这些机器人能够自动执行重复性高、规则明确的财务任务,如发票处理、凭证录入、报表生成等。它们的应用,极大地释放了财务人员的双手,使他们能够从烦琐的日常工作中解脱出来,专注于更高价值的财务分析和决策支持。

智能财务机器人不仅提高了工作效率,还显著降低了人为错误的风险。它们能够按照预设的规则和流程,准确无误地完成任务,避免了人为因素导致的错误和疏漏。同时,智能财务机器人还能够 24 小时不间断地工作,提高了财务处理的时效性和连续性。此外,智能财务机器人还能够通过学习和优化,不断提升自身的处理能力和效率,为企业的财税管理带来持续的改进和提升。

10.1.1.3 推进数据驱动决策

在数字经济时代,数据已成为企业的核心资产,是驱动业务发展和决策制定的关键要素。财税管理应充分利用大数据、云计算等技术手段,对海量数据进行深度挖掘和分析,为企业的战略决策提供有力支持。

通过数据驱动决策,企业可以更加准确地了解自身的财务状况和经营成果,及时发现潜在的经营风险和市场机会。例如,通过对财务数据的实时监控和分析,企业可以及时发现应收账款的异常增加、成本费用的异常波动等情况,及时采取措施进行调整和优化。同时,数据驱动决策还能够帮助企业更加精准地预测市场趋势和客户需求,为企业的战略规划和市场营销提供科学依据。数据驱动决策还能够促进企业的精细化管理。通过对数据的深入分析,企业可以更加清晰地了解各业务部门的绩效表现,发现管理中的薄弱环节和潜在问题,为企业的管理改进和绩效提升提供有力支持。

10.1.2　业财融合与一体化管理

在数字经济时代,业财融合与一体化管理成为企业提升竞争力、实现可持续发展的关键路径。这一模式不仅要求财务管理与业务流程的紧密结合,更强调信息流的实时共享和协同处理,以打破部门壁垒,促进资源的合理配置。

10.1.2.1　实现业财一体化

业财一体化是财税管理创新的重要方向之一,其核心在于将财务管理与业务流程紧密结合,实现财务信息与业务信息的实时共享和协同处理。这一模式的实施,有助于打通部门之间的信息孤岛,提高信息流通效率,促进资源的合理配置和高效利用。

在数字经济时代,通过构建业财一体化信息系统,企业可以实现业务流程的自动化、智能化和可视化。这一系统能够自动采集和处理业务数据,实时生成财务报告和分析,为企业的决策提供及时、准确的信息支持。同时,业财一体化信息系统还能够通过数据分析和挖掘,发现业务过程中的潜在问题和改进机会,为企业的管理优化和流程再造提供有力支持。业财一体化的实现,还要求企业建立跨部门的协作机制和文化。财务部门需要深入了解业务流程和需求,为业务部门提供定制化的财务服务和支持。同时,业务部门也需要具备一定的财务知识,以便更好地理解财务政策和决策背景,与财务部门形成协同作战的团队文化。

10.1.2.2　推动业财融合创新

业财融合不仅是技术层面的整合,更是管理理念的转变和企业文化的重塑。在数字经济时代,企业应积极推动业财融合创新,将财务管理的触角延伸到业务的前沿,为业务发展提供全方位的财务支持和服务。具体而言,企业应鼓励财务人员深入了解业务流程和市场需求,参与业务决策过程,为业务发展提供财务角度的专业意见和建议。财务人员需要具备敏锐的市场洞察力和业务理解能力,以便更好地将财务知识与业务知识相结合,为企业的战略规划和市场营销提供有力支持。同时,业务人员也应具备一定的财务知识,以便更好地理解财务政策和决策背景,与财务部门形成有效的沟通和协作。企业可以通过培训和教育等方式,提升业务人员的财务素养和意识,促进业财之间的融合和创新。

业财融合创新还有助于形成协同作战的团队文化。在数字经济时代,企业需要建立跨部门、跨领域的协作机制和文化,鼓励员工之间的信息共享和协同工作。通过业财融合创新,企业可以打破部门壁垒,促进信息流通和资源共享,形成更加紧密、高效的团队协作模式。

10.1.3　税务管理的数智化转型

税务管理作为企业运营的重要组成部分,在数字经济时代正经历着前所未有的变革。随着信息技术的飞速发展,税务管理的数智化转型已成为不可逆转的趋势,旨在通过科技手段提升税务管理的效率、准确性和智能化水平。

10.1.3.1　建设税务云平台

税务云平台作为税务管理数智化转型的重要载体,其建设对于提升税务管理的整体效能具有至关重要的作用。税务云平台通过集成云计算、大数据、人工智能等先进技术,实现了税务信息的实时共享和协同处理。这一平台不仅破除了传统税务管理系统的信息孤岛,还极大地提高了税务流程的自动化和智能化水平。具体来说,企业可以利用税务云平台进行电子发票的开具、接收、认证和抵扣等一系列操作。在这一过程中,云平台能够自动处理发票信息,实现发票数据的即时同步和核对,大大减少了人工操作的时间和错误。同时,税务云平台还支持税务申报的自动化,能够根据企业的财务数据自动生成税务申报表,并进行智能审核,确保申报的准确性和合规性。此外,云平台还提供了税务数据分析功能,能够对企业的纳税情况进行深度挖掘和分析,为企业的税务筹划和决策提供有力支持。税务云平台的建设还促进了税务管理部门与其他部门之间的信息共享和协同工作。通过云平台,税务管理部门可以实时获取企业的财务数据、业务数据等信息,为税务管理提供更加全面、准确的数据基础。同时,其他部门也可以方便地获取税务管理部门提供的税务信息和服务,提高了企业整体的运营效率。

10.1.3.2 推进"以数治税"

"以数治税"是税务管理数智化转型的核心理念,它强调利用大数据、人工智能等技术手段,对税务数据进行深度挖掘和分析,为税务管理提供精准决策支持。在数字经济时代,税务数据已成为企业运营的重要资产,通过对其进行分析和利用,可以揭示出企业纳税行为的规律和特征,为税务管理提供新的思路和方法。

税务部门可以利用大数据技术对企业的纳税行为进行监控和分析。通过实时采集企业的财务数据、发票数据等信息,税务部门可以构建企业的纳税画像,对企业的纳税情况进行全面、准确的了解。同时,利用大数据分析技术,税务部门还可以发现潜在的偷逃税行为,及时进行查处和纠正,提高税收征管的效率和准确性。

"以数治税"还强调税务管理的智能化和个性化。通过人工智能技术,税务部门可以对企业的纳税行为进行智能分析和预测,为企业的税务筹划提供个性化的建议和服务。例如,根据企业的历史纳税数据和业务情况,税务部门可以预测企业未来的纳税趋势和风险点,提醒企业及时采取措施进行防范和应对。"以数治税"还促进了税务管理的透明化和公正性。通过大数据和人工智能技术,税务部门可以实现对税务数据的全面、客观分析,减少了人为因素对税务管理的影响和干扰。同时,税务部门还可以将税务数据和分析结果向社会公开,接受社会监督,提高税务管理的公信力和透明度。

10.1.4 风险管理与合规性提升

在数字经济时代,企业面临的风险更加复杂多变,包括经营风险、税务风险和合规风险等。为了有效应对这些风险,财税管理需要充分利用大数据、人工智能等技术手段,加强风险管理和合规性管理。

10.1.4.1 强化风险预警与应对

风险预警与应对是风险管理的关键环节。在数字经济时代,财税管理应充分利用大数据、人工智能等技术手段,建立风险预警机制,及时发现和应对潜在的风险。具体来说,通过对财务数据的实时监控和分析,企业可以及时发现异常的交易行为和资金流动情况。例如,通过大数据分析技术,企业可以对交易数据进行挖掘和分析,发现交易频率、交易金额等异常指标,及时预警潜在的经营风险。同时,企业还可以利用人工智能技术建立风险预测模型,对企业的财务状况进行预测和分析,提前发现潜在的风险点。在发现风险后,企业需要迅速采取措施进行应对。这包括制订风险应对计划、调整业务策略、加强内部控制等。通过及时、有效的风险应对,企业可以降低风险带来的损失和影响,保障企业的稳健运营。企业还应加强与外部机构的合作与交流,共同应对风险。例如,企业可以与金融机构、保险公司等合作,通过风险共担、风险转移等方式降低风险。同时,企业还可以参与行业协会、商会等组织,加强行业自律和风险管理经验的分享与交流。

10.1.4.2 提升合规性管理水平

合规性是企业稳健发展的基石,也是企业赢得市场信任和客户信赖的重要保障。在数字经济时代,财税管理应更加注重合规性管理水平的提升。

首先,企业应加强对税收法规、会计准则等政策法规的学习和培训。通过定期组织培训、邀请专家讲座等方式,提高员工的法规意识和合规性管理能力。同时,企业还应建立完善的法规信息更新机制,确保员工能够及时了解最新的法规变化和要求。其次,企业应建立健全内部控制制度,加强对财务活动的监督和审计力度。通过制定完善的内部控制流程、明确职责分工等方式,确保财务活动的合规性和准确性。同时,企业还应定期对内部控制制度的执行情况进行检查和评估,及时发现和纠正存在的问题。再次,企业还应加强对外部合作伙伴的合规性管理。在选择合作伙伴时,企业应充分考虑其合规性记录和信誉情况,优先选择合规性好、信誉高的合作伙伴。同时,企业还应与合作伙伴签订合规性协议,明确双方的合规性责任和义务,共同维护市场的公平竞争和秩序。最后,企业还应积极参与社会监督和自律组织,加强合规性管理的外部监督和约束。例如,企业可以参与行业协会、商会等组织,遵守行业自律规范,接受行业监督。同时,企业还可以主动接受政府监管部门的监督和检查,及时整改存在的问题,提高合规性管理水平。

10.1.5　人才培养与团队建设

在数字经济时代,财税管理领域的变革对人才和团队提出了新的要求。为了适应这一变化,企业必须注重人才培养与团队建设,以打造一支具备高素质、高技能、高创新能力的财税管理队伍。

10.1.5.1　培养复合型财务人才

数字经济时代对财务人才的能力要求日益多元化。传统的财务人才主要聚焦于财务知识和技能的掌握,而在当今时代,除了扎实的财务基础外,还需要具备信息技术、数据分析、业务理解等多方面的能力。因此,企业必须加强对财务人员的培训和教育力度,以提升他们的综合素质和创新能力。

具体来说,企业可以定期组织财务人员参加专业培训课程,课程应涵盖最新的财务理论、实务操作、信息技术应用等内容。通过系统的培训,财务人员可以不断更新知识结构,提升专业素养。同时,企业应鼓励财务人员积极参与行业研讨会、学术交流会等活动,拓宽视野,了解行业前沿动态和发展趋势。企业还应注重培养财务人员的数据分析能力。在数字经济时代,数据已成为企业决策的重要依据。财务人员需要掌握数据分析工具和方法,能够从海量数据中提取有价值的信息,为企业的战略决策提供有力支持。因此,企业可以引入数据分析培训课程,提升财务人员的数据处理和分析能力。除了内部培养外,企业还应积极引进具备跨学科背景的复合型人才。这些人才不仅具备扎实的财务基础,还熟悉信息技术、业务运营等相关领域,能够为企业的财税管理创新提供新的思路和方法。通过引进复合型人才,企业可以构建更加多元化、更具创新力的财务团队,推动财税管理创新的深入发展。

10.1.5.2 打造高效协作的团队

财税管理创新需要高效的团队协作作为支撑。在数字经济时代,企业面临的财税问题日益复杂多变,需要多个部门协同合作才能有效解决。因此,企业必须打破部门壁垒,建立跨部门协作机制,促进信息共享和协同处理。

为实现跨部门协作,企业可以建立跨部门沟通平台,如定期召开跨部门会议、设立跨部门项目组等。通过这些平台,不同部门的成员可以就财税管理问题进行深入交流和讨论,共同制定解决方案。同时,企业还应明确各部门的职责和分工,确保各部门在协作过程中能够各司其职、协同配合。除了跨部门协作外,企业还应鼓励团队成员之间的沟通和交流。良好的沟通和交流是团队协作的基础,有助于增进成员之间的了解和信任,形成紧密的合作关系。因此,企业可以组织团队建设活动,如户外拓展、团队聚餐等,增强团队成员的凝聚力和归属感。同时,企业还应倡导开放、包容的团队文化,鼓励成员提出自己的意见和建议,为团队的创新和发展贡献力量。通过打造高效协作的团队,企业可以充分发挥团队成员的优势和特长,形成互补效应,提升团队的整体战斗力和创新能力。同时,高效的团队协作还有助于加快财税管理创新的进程,推动企业在数字经济时代取得更大的竞争优势。

10.1.6 政策引导与支持

政府在财税管理创新中扮演着至关重要的角色。为推动财税管理创新的深入发展,政府应加强对数字经济时代财税管理创新的政策引导和支持力度。

10.1.6.1 完善相关政策法规

政策法规是财税管理创新的重要保障。为明确财税管理创新的方向和目标,政府应不断完善相关政策法规,为企业的创新实践提供有力支持。

具体来说,政府可以出台相关政策鼓励企业建设财务共享服务中心。财务共享服务中心是一种新型的财务管理模式,通过将财务职能集中化、标准化、流程化,可以提高财务管理的效率和准确性,降低企业运营成本。政府可以通过提供税收优惠、资金补贴等政策措施,鼓励企业建设财务共享服务中心,推动财务管理模式的创新。同时,政府还可以出台相关政策支持企业应用智能财务机器人等创新举措。智能财务机器人是一种基于人工智能技术的财务管理工具,可以自动执行财务流程中的重复性任务,提高工作效率和准确性。政府可以通过制定相关标准和规范,引导企业合理应用智能财务机器人,推动财务管理技术的创新。政府还应加强对财税管理创新成果的保护力度。通过完善知识产权法律法规,加强对创新成果的专利保护和商业秘密保护,激发企业的创新动力,推动财税管理创新的持续发展。

10.1.6.2　加强国际交流与合作

数字经济是全球性的经济形态,财税管理创新也需要加强国际交流与合作。政府应积极参与国际税收规则的制定和讨论工作,推动建立公平、公正、透明的国际税收体系。

在国际税收规则制定方面,政府应积极参与国际税收组织的活动,如OECD 的税收政策与管理中心的活动。通过这些平台,政府可以与其他国家就国际税收规则进行深入交流和讨论,共同推动国际税收体系的完善和发展。同时,政府还应加强与其他国家在财税管理创新方面的交流与合作。通过组织国际财税管理研讨会、学术交流会等活动,促进各国财税管理专家学者的交流与合作,分享国际先进经验和技术手段。此外,政府还可以鼓励企业参与国际财税管理项目合作,推动国内财税管理创新成果走向国际舞台。在加强国际交流与合作的过程中,政府还应注重培养国际化财税管理人才。通过提供海外留学、国际交流等机会,鼓励财税管理人员拓宽国际视野,提升国际竞争力。同时,政府还可以引进国外优秀的财税管理人才,为国内的财税管理创新提供新的思路和方法。

10.2　财税管理与人工智能、区块链等前沿技术的融合

在数字经济时代,财税管理正面临着前所未有的变革。随着数据量的爆炸式增长、业务模式的不断创新以及法规政策的频繁更新,传统的财税管

理方式已难以满足现代企业的需求。为了应对这些挑战并抓住机遇,财税管理正在积极与人工智能、区块链等前沿技术进行深度融合,以实现更高效、更透明、更智能的管理目标。

10.2.1 财税管理与人工智能的融合

人工智能作为当代前沿科技的代表,其在数据处理、分析决策、自动化服务等方面展现出强大的能力,为财税管理带来了革命性的变革。

10.2.1.1 智能化数据处理与分析

人工智能具有强大的数据处理和分析能力,这一特性在财税管理领域得到了广泛应用。传统的财税数据处理往往依赖于人工操作,不仅效率低下,还容易出错。而人工智能技术可以自动处理海量的财税数据,包括发票、报表、交易记录等,大大提高数据处理的效率和准确性。具体来说,通过自然语言处理技术,人工智能能够自动读取和理解财税相关的文本信息,如税务政策、财务报表附注等。这使得财税人员能够迅速获取所需信息,无须手动翻阅大量文件,从而节省了大量时间。同时,人工智能还能实时更新税务政策信息,确保财税管理始终符合最新法规要求。利用机器学习算法,人工智能可以挖掘财税数据中的潜在规律和趋势。通过对历史数据的深度学习,人工智能能够预测未来的税收收入和变化因素,为财政预算和政策制定提供科学依据。这种预测分析能力有助于政府和企业更好地规划财务资源,应对潜在的经济波动。

10.2.1.2 智能化税务咨询与服务

财税咨询领域也正经历着人工智能技术的深刻变革。智能对话人工智能系统的出现,使得财税咨询变得更加便捷和高效。这些系统利用先进的自然语言处理技术,能够理解并解答财税人员提出的复杂问题。无论是关于税务政策的解读,还是税务筹划的建议,智能对话人工智能都能提供及时、准确的答复。智能对话人工智能系统通常访问庞大的税务数据库和法规知识库,确保提供的答复基于最新、最全面的法规信息。这使得财税人员能够随时获取最专业的建议,无须担心信息滞后或遗漏。

除了咨询解答外,人工智能还可以根据企业的具体需求,提供个性化的税务筹划建议。通过分析企业的财务状况、业务模式以及市场环境,人工智能能够预测企业未来的税务负担,并提出相应的筹划方案。这有助于企业提前规划税务策略,合理安排资金,降低税务成本,提高整体经济效益。

10.2.1.3　智能化税务监管与风险防控

在税务监管方面,人工智能技术同样发挥着重要作用。传统的税务监管往往依赖于人工审核和抽查,难以做到全面覆盖和实时监控。而人工智能系统能够实时监控纳税人的活动,通过数据分析发现异常行为,提高税务监管的精准度和效率。

人工智能系统能够自动分析纳税人的申报数据、交易记录等信息,识别出可能存在的偷税、漏税行为。这种实时监控和自动分析的能力,使得税务部门能够及时发现并处理违规行为,维护税收秩序。人工智能还可以应用于风险监测与预警领域。通过收集和分析企业的所有财务和税务数据,人工智能系统能够发现可能存在的税务风险、财务风险和业务风险。通过对这些风险进行量化评估,人工智能能够为企业提供风险预警信号,帮助企业采取相应的风险应对措施。具体来说,人工智能系统可以建立风险预警模型,根据企业的历史数据和市场环境,预测未来可能出现的风险情况。当实际数据偏离预警模型时,系统会及时发出预警信号,提醒企业关注并处理潜在风险。这种风险预警机制有助于企业提前发现并采取措施应对风险,降低损失发生的可能性。除了税务监管和风险防控外,人工智能技术在财税管理领域还有许多其他应用。例如,在税务稽查方面,人工智能可以辅助稽查人员进行案件审查、证据收集等工作;在税务培训方面,人工智能可以提供个性化的培训课程和学习建议,帮助财税人员提升专业技能。

10.2.2　财税管理与区块链的融合

区块链技术作为一种新兴的分布式账本技术,以其独特的去中心化、公开透明、不可篡改等特性,在财税管理领域展现出了巨大的应用潜力。通过区块链技术,财税管理可以实现更高水平的透明度、效率和安全性,从而推动整个财税体系的现代化进程。

10.2.2.1　提升纳税遵从度与透明度

区块链技术在提升纳税遵从度和透明度方面发挥着至关重要的作用。传统的财税管理体系中,纳税信息的存储和管理往往依赖于中央化的数据库,这种模式容易受到数据篡改、信息不透明等问题的困扰。而区块链技术通过将企业涉税信息存储在分布式的账本上,包括注册成立的基本信息、经营活动数据、交易记录等,实现了数据的可追溯性和不可篡改性。

具体来说,区块链上的每一笔交易都被记录在一个区块中,并且每个区块都通过加密算法与前一个区块相连,形成了一个不可篡改的链条。这种设计使得任何对数据的修改都会留下痕迹,从而大大提高了数据的可信度和透明度。同时,区块链技术还可以与工商、银行、财政、海关等部门的信息管理系统对接,实现数据的实时共享。这种跨部门的数据共享机制有助于精准识别纳税主体和客体,有效打击偷税漏税行为,提升纳税遵从度。区块链技术的公开透明性也有助于增强公众对财税管理的信任。任何人都可以通过区块链浏览器查看交易记录,验证数据的真实性。这种透明度不仅有助于监督政府和企业的行为,还能促进财税政策的公平性和公正性。

10.2.2.2　优化纳税评估流程

区块链技术还可以与大数据挖掘分析技术结合,优化纳税评估流程。在传统的纳税评估过程中,数据的采集、提取、交换、流通等环节往往存在效率低下、数据失真等问题。而区块链技术通过提供一个安全、可信的数据存储和传输平台,可以确保涉税信息的准确性和完整性。具体来说,将涉税信息从采集、提取、交换、流通到形成报告等整个流程都在区块链系统里完成,可以确保数据的可追溯性和难篡改性。区块链上的智能合约还可以自动执行纳税评估规则,生成纳税评估报告。这种自动化、智能化的评估流程大大提高了纳税评估的效率和准确性,降低了人为干预和错误的风险。同时,区块链技术还可以实现纳税评估结果的实时共享和公开透明。税务机关、纳税人和第三方机构都可以通过区块链浏览器查看评估结果,验证其真实性和准确性。这种透明度有助于增强公众对纳税评估的信任和认可,推动财税管理的公正性和公平性。

10.2.2.3　构建纳税信用体系

区块链技术还可以应用于纳税信用体系的构建。纳税信用体系是财税管理的重要组成部分,它通过对纳税人的信用行为进行记录和评价,形成信用指数,为税务机关和纳税人提供信用参考。然而,传统的纳税信用体系往往存在数据不透明、信用评价不公正等问题。通过区块链技术记录纳税人的信用行为,可以形成不可篡改的信用记录。这些记录包括纳税人的缴税记录、违规行为、行政处罚等信息,可以全面反映纳税人的信用状况。同时,区块链技术的公开透明性可以确保信用信息的公开透明,增强征纳双方的信任度。

基于区块链的纳税信用体系还可以实现信用评价的自动化和智能化。通过智能合约技术,可以自动执行信用评价规则,生成信用评价报告。这种自动化、智能化的评价方式大大提高了信用评价的效率和准确性,降低了人为干预和错误的风险。同时,区块链技术还可以实现纳税信用信息的实时共享和公开透明,为税务机关、纳税人和第三方机构提供便捷的信用查询服务。

10.2.3　财税管理与人工智能、区块链等技术的协同融合

随着科技的不断发展,人工智能和区块链等前沿技术在财税管理领域的应用日益广泛。这些技术的协同融合,为财税管理带来了前所未有的机遇和挑战。通过实现数据的高效共享与协同处理、提升财税管理的智能化水平以及推动财税治理现代化,人工智能和区块链技术的融合正在深刻改变着财税管理的面貌。

10.2.3.1　实现数据的高效共享与协同处理

人工智能和区块链技术的融合可以实现财税数据的高效共享与协同处理。在传统的财税管理体系中,数据的采集、存储、传输和处理往往存在效率低下、数据孤岛等问题。而人工智能技术可以快速识别和提取涉税信息,通过数据分析发现异常行为;区块链技术则可以确保这些信息的真实性和可信度,为税务机关提供准确的稽查依据。具体来说,人工智能技术可以通

过自然语言处理、图像识别等技术手段,自动提取涉税信息中的关键数据,如交易金额、税率、纳税期限等。这些数据经过处理后,可以形成结构化的数据集,便于后续的分析和处理。而区块链技术则可以为这些数据提供一个安全、可信的存储和传输平台。通过区块链技术,涉税信息可以被加密存储在分布式的账本上,并且只有经过授权的用户才能访问和使用这些数据。这种设计确保了数据的隐私性和安全性,同时实现了数据的高效共享和协同处理。

10.2.3.2 提升财税管理的智能化水平

人工智能和区块链技术的融合可以进一步提升财税管理的智能化水平。在传统的财税管理过程中,许多工作都需要人工参与,如税务稽查、纳税评估等,不仅效率低下,还容易出现人为错误。而人工智能技术可以通过机器学习、深度学习等算法,对涉税数据进行分析和预测;区块链技术则可以确保这些数据的真实性和不可篡改性,从而提高税务稽查的准确性和效率。例如,在税务稽查过程中,人工智能技术可以利用机器学习算法对涉税数据进行分析和预测,识别出可能存在的偷税漏税行为。同时,区块链技术可以确保这些数据的真实性和不可篡改性,为税务机关提供准确的稽查依据。这种智能化、自动化的稽查方式大大提高了税务稽查的效率和准确性,降低了人为干预和错误的风险。人工智能技术还可以应用于纳税服务、税务咨询等领域。通过智能客服、智能问答等技术手段,可以为纳税人提供便捷、高效的纳税服务;通过智能分析、智能建议等功能,可以为税务机关提供科学、合理的税务咨询建议。这些智能化服务的应用,进一步提升了财税管理的智能化水平和服务质量。

10.2.3.3 推动财税治理现代化

人工智能和区块链技术的融合有助于推动财税治理现代化。在传统的财税治理体系中,数据的采集、存储、传输和处理往往存在诸多问题,如数据孤岛、信息不对称等。这些问题导致了税收征管效率低下、纳税遵从度不高等问题。而人工智能和区块链技术的融合可以解决这些问题,推动财税治理现代化。通过实现数据的实时共享和精准识别纳税主体和客体,可以优化税收征管流程,提高征管效率。人工智能技术可以对涉税数据进行分析和预测,识别出可能存在的偷税漏税行为;区块链技术可以确保这些数据的真实性和不可篡改性,为税务机关提供准确的稽查依据。这种实时共享和精准识别的方式大大提高了税收征管的效率和准确性。同时,基于区块链的纳税信用体系和智能合约技术还可以实现纳税信用分级评价自动化、持续化、实时化。通过智能合约技术,可以自动执行信用评价规则,生成信用评价报告;区块链技术可以确保这些报告的真实性和不可篡改性。这种全程智能化地规避人为风险的方式提高了纳税信用评级的效率和信用评级信息的及时性。

10.2.4　面临的挑战与应对策略

随着人工智能和区块链技术的不断融合与发展,其在财税管理领域的应用日益广泛。然而,这一融合过程并非一帆风顺,而是面临着诸多挑战。这些挑战既包括技术层面的难题,也涉及法律与监管的空白,以及人才短缺的问题。为了充分发挥人工智能和区块链技术的潜力,推动财税管理的现代化,必须正视这些挑战,并采取相应的应对策略。

10.2.4.1　技术挑战

人工智能和区块链技术的融合需要解决一系列复杂的技术难题,这些难题不仅关乎技术的可行性,还直接影响到系统的安全性、效率和可靠性。

首先,数据隐私保护是融合过程中必须面对的重要挑战。人工智能和区块链技术都依赖于大量数据来训练模型和执行交易,但这些数据往往包含敏感信息,如个人隐私、商业秘密等。如何在确保数据利用效率的同时,保护数据隐私,防止数据泄露和滥用,成为亟待解决的问题。为此,需要加强加密技术的研究与应用,开发更加安全的数据处理算法,以及建立严格的数据访问控制机制。其次,区块链的能耗问题也是不容忽视的技术挑战。区块链系统,尤其是采用工作量证明(Proof of Work,PoW)共识机制的区块链,需要消耗大量能源来维持网络的运行和安全。这与当前全球倡导的节能减排目标相悖,也限制了区块链技术的广泛应用。为了降低能耗,研究者们正在探索更加高效的共识机制,如权益证明(Proof of Stake,PoS)、委托权益证明(Delegated Proof of Stake,DPoS)等,以及优化区块链网络的结构和算法。最后,人工智能算法的可解释性也是融合过程中的一大难题。人工智能模型,尤其是深度学习模型,往往具有高度的复杂性和非线性,这使得其决策过程难以被人类理解。这在财税管理等需要透明度和可追溯性的领域是不可接受的。为了提高人工智能算法的可解释性,研究者们正在开发更加透明的模型结构,如决策树、规则基系统等,以及开发解释性工具和方法,如局部可解释算法 LIME(Local Interpretable Model-agnostic Explanations)、Shapley 值等。

为了应对这些技术挑战,需要加强技术研发和创新力度。政府、企业和学术界应携手合作,共同推动相关技术的不断成熟和完善。一方面,要加大科研投入,支持基础研究和应用研究,推动技术创新和突破;另一方面,要加强技术交流和合作,促进技术成果的共享和应用,推动技术的产业化和商业化。

10.2.4.2 法律与监管挑战

人工智能和区块链技术的融合带来了新的法律与监管问题,这些问题不仅关乎技术的合法性和合规性,还直接影响到社会的稳定和公平。

首先,如何确保区块链系统的安全性是法律与监管面临的重要挑战。区块链系统虽然具有去中心化、不可篡改等特性,但也存在着智能合约漏洞、51%攻击等安全风险。这些风险可能导致系统崩溃、数据丢失或被盗等严重后果。为了确保区块链系统的安全性,需要制定严格的法律规范和监管标准,对区块链系统的开发、部署和运行进行全程监管。同时,还需要加强技术研发,提高区块链系统的安全性和稳定性。其次,如何制定相应的法律法规来规范人工智能和区块链在财税领域的应用也是亟待解决的问题。人工智能和区块链技术的融合使得财税管理更加高效、透明和智能,但也带来了数据隐私、算法歧视、税收逃避等新问题。为了规范这些技术的应用,需要制定完善的法律法规体系,明确技术的使用范围、条件和限制,以及违反规定的法律责任和处罚措施。同时,还需要加强监管机构的执法力度,确保法律法规的有效实施。最后,跨国监管合作也是法律与监管面临的挑战之一。人工智能和区块链技术的融合使得财税管理具有跨国性,如跨境支付、国际税收等。这需要各国政府加强监管合作,共同制定国际标准和规范,协调监管政策和行动。同时,还需要加强国际组织的建设和作用,推动跨国监管合作的深入发展。

为了应对这些法律与监管挑战,各国需要加强法律与监管研究力度。政府、法律机构和学术界应携手合作,共同推动相关法律法规的完善和实施。一方面,要加强法律研究,探索新技术带来的法律问题和解决方案;另一方面,要加强监管机构的建设和能力提升,提高监管效率和有效性。同时,还需要加强国际合作与交流,推动跨国监管合作的深入发展。

10.2.4.3　人才挑战

人工智能和区块链技术的融合需要跨学科的人才支持。然而,目前市场上缺乏既懂财税管理又懂人工智能和区块链技术的复合型人才。这种人才短缺不仅限制了技术的创新和应用,也影响了财税管理的现代化进程。

首先,复合型人才的培养需要跨学科的教育体系。传统的教育体系往往侧重于单一学科的人才培养,难以满足跨学科人才的需求。为了培养复合型人才,需要改革教育体系,推动跨学科的教育和培训。例如,可以开设跨学科的课程和专业,鼓励学生学习多个领域的知识和技能;可以建立跨学科的研究机构和实验室,为学生提供实践和创新的机会。其次,复合型人才的引进需要完善的引才机制。为了吸引和留住复合型人才,需要制定具有竞争力的引才政策,如提供优厚的薪酬待遇、良好的工作环境和发展空间等。同时,还需要加强与国外知名高校和研究机构的合作与交流,引进海外高层次人才和团队。最后,复合型人才的使用需要合理的激励机制。为了充分发挥复合型人才的作用,需要建立合理的激励机制,如职称评定、职务晋升、科研成果奖励等。同时,还需要加强人才的流动和管理,促进人才在不同领域和机构之间的交流和合作。

为了应对这一人才挑战,需要加强人才培养和引进力度。政府、企业和学术界应携手合作,共同推动相关人才的培养和流动。一方面,要加强教育体系改革,推动跨学科的教育和培训;另一方面,要加强引才机制建设,吸引和留住复合型人才。同时,还需要加强人才的激励和管理,充分发挥人才的作用和潜力。

参考文献

[1]穆于哲.全电发票引领数字经济财税管理新生态[J].上海节能,2024（12）:1952-1956.

[2]石红.探究高效管理集团专项财税事务的方法[J].乡镇企业导报,2024（24）:216-218.

[3]汤丽香."金税四期"背景下路桥施工企业财税风险管理对策[J].纳税,2024,18（35）:1-3.

[4]吴艳新.新形势下事业单位财税管理内部控制存在的问题和优化策略[J].纳税,2024,18（35）:34-36.

[5]史金聪.管理会计视角下的企业财税管理措施分析[J].中国集体经济,2024（35）:44-47.

[6]姜晓光.财税信息化下的企业财税风险管理与内部控制分析[J].时代经贸,2024,21（11）:84-86.

[7]王锐.全电发票变化与企业财税管理流程再造的探讨[J].山西财税,2024（11）:46-48.

[8]张润怡.数智化转型背景下企业财税管理的优化[J].纳税,2024,18（33）:40-42.

[9]刘丽娟.新形势下事业单位财税管理的内部控制[J].财讯,2024（22）:4-6.

[10]甘景梅.风险管控视角下国有企业财税管理工作探究[J].财讯,2024（22）:1-3.

[11]马春玲.集团企业财税管理体系的构建研究[J].中国集体经济,2024

（32）:97-100.

[12]冯永生.国际工程项目财税管理问题及对策[J].纳税,2024,18(31):
13-15.

[13]王一帆.现代企业财税管理水平的提升策略研究[J].中国集体经济,
2024(30):77-80.

[14]陈爱华,饶妙.《公司法》修订对公司财税管理工作的影响与应对[J].商
业会计,2024(20):4-8.

[15]赵黎黎.刍议大数据对事业单位财税管理的影响[J].乡镇企业导报,
2024(19):129-131.

[16]秦宇萍."以数治税"时代:国有城投企业财税管理规范化新视角[J].审
计与理财,2024(10):46-48.

[17]袁军,曹振宇,蒙艳峰,等.建筑施工企业PPP项目财税管理研究[J].创
新世界周刊,2024(10):87-92.

[18]李伟娟.新形势下事业单位财税管理的内部控制研究[J].中国产经,
2024(18):130-132.

[19]王丽.大数据时代企业财税管理的改革创新研究[J].高科技与产业化,
2024,30(9):57-59.

[20]宋立楠.大数据技术在财税管理中的应用与挑战[J].中国经贸导刊,
2024(12):106-108.

[21]贾会棉.金税四期背景下中小企业的财税风险及管理防范研究[J].中
小企业管理与科技,2024(18):178-180.

[22]杨丽嘉,唐梦琳.大数据背景下的企业财税管理措施[J].老字号品牌营
销,2024(18):141-143.

[23]濮倩.新形势下事业单位加强财税管理内部控制的策略研究[J].乡镇
企业导报,2024(17):147-149.

[24]邱丽达.大数据环境下的企业财税风险管理与内部控制[J].中国集体
经济,2024,(26):170-173.

[25]刘哲.新形势下事业单位财税管理的内部控制分析[J].财会学习,2024
(24):146-148.

[26]闫学文.中小企业财税信息化管理模式研究[J].中国农业会计,2024,34(15):105-107.

[27]任海旺.大数据背景下的企业财税管理措施[J].广东经济,2024(15):68-70.

[28]何晓钰.加强财税合规管理对企业发展的影响[J].乡镇企业导报,2024(15):30-32.

[29]吴坤欣.融资担保机构财税管理实务研究[J].中国科技投资,2024(22):4-7.

[30]段卫光.企业财税信息化管理模式的构建与应用[J].纳税,2024,18(22):16-18.

[31]刘珊姗.数电票背景下电子凭证推广对国企财税管理的影响分析[J].企业改革与管理,2024(14):125-127.

[32]王利军.大数据背景下企业财税管理措施[J].山西财税,2024(7):41-42.

[33]许盼盼.现代审计技术在财税管理中的应用与挑战[J].销售与管理,2024(21):24-26.

[34]邹黄金.浅谈管理会计下的事业单位会计财税管理[J].商讯,2024(14):60-63.

[35]白丽娟.企业财税管理现状及优化策略[J].纳税,2024,18(20):40-42.

[36]杨关婷."以数治税"背景下的国有企业财税管理转型升级研究[J].中小企业管理与科技,2024(13):173-175.

[37]吴燕云.财会监督体制机制与财税管理创新策略研究[J].环渤海经济瞭望,2024(6):174-176.

[38]朱黄华.企业融资管理与财税管理的结合探析[J].乡镇企业导报,2024(11):152-154.

[39]刘集秀.财税管理对企业财务决策的影响与战略选择[J].老字号品牌营销,2024(9):24-26.

[40]孙懿.我国科技型中小企业财税管理的现状及改进措施研究[J].现代商业研究,2024(11):98-100.

[41] 黄源. 大数据技术在财税管理中的应用与挑战[J]. 中国集体经济,2024
(16):113-116.

[42] 陈耀鸿. "以数治税"背景下物业企业财税管理规范化探析[J]. 住宅与
房地产,2024(16):57-59.

[43] 顾英明. 如何提高现代企业财税管理水平[J]. 财富时代,2024(5):
108-110.

[44] 李聪. 基于互联网+环境的白酒企业财税数字化转型[J]. 中国酒,2024
(5):30-31.

[45] 姜南竹. 数字化企业转型中的智能财税管理[J]. 纳税,2024,18(14):
28-30.

[46] 袁亮,王琳. 创业管理财税通[M]. 武汉:华中科技大学出版社,2021.

[47] 隋建勋. 创业管理[M]. 北京:化学工业出版社,2023.

[48] 王雁飞. 管理者财税常识一本通[M]. 北京:化学工业出版社,2022.

[49] 韩素,王民,张思思,等. 金税四期环境下企业财税风险管控与筹划
[M]. 北京:人民邮电出版社,2022.

[50] 蔡锐. 建筑装配式项目税务管理操作指引[M]. 昆明:云南人民出版
社,2022.

[51] 闫菲,张建华,赵媛. 智能财税[M]. 上海:立信会计出版社,2023.

[52] 李禹池. 税务风险管理和筹划:大数据管税背景下的财税实务[M]. 北
京:人民邮电出版社,2024.

[53] 陈小欢,刘晓辉. 财税合规管理:合规体系建设与风险防控[M]. 北京:
人民邮电出版社,2024.

[54] 贾小强,郝宇晓,卢闯. 财务共享的智能化升级:业财税一体化的深度融
合[M]. 北京:人民邮电出版社,2022.

[55] 宋薇,杨向东,李淑红,等. 智能化财税管理:微课版[M]. 北京:人民邮
电出版社,2024.